JN048541

ひと手間で
格上げ
おうちごはん編

ビールめし2

一般男性 とっくん

KADOKAWA

はじめに
Introduction

とっくん

九州在住のごくごく普通の一般男性。趣味でアニメや
映画のキャラクターの声真似をしながら料理する動画を
投稿している。料理とビールを楽しみながら「優勝する」
「ウマすぎてウマになったわ」というキャッチフレーズも
ファンの間で話題となり、優勝プレイヤーが全国に続出。
2020年の著書『手っ取り早くウマい酒が飲みたい!! ビー
ルめし』（KADOKAWA）も好評発売中。

とっくんです! 前作をお読みくださったみなさんのおかげで
この度2冊目のレシピ本を発売させていただくことになりました!
　1冊目の『ビールめし』の発売からもう3年以上が経ちまし
たが、みなさんいかがお過ごしでしょうか?

　この3年間、なかなか外に出られないような状況も続き、そ
んななかで自炊に目覚めた方も多いのではないでしょうか? 私は
以前と変わらず活動をさせていただいているなかで、自分の料
理に対する気持ちが少しずつ変わっていったのを感じています。

　今までは「メニュー名は知っているが、作り方は知らない料理」
に対しての興味が強く、自分のレパートリーの数を増やすことが
料理のモチベーションにつながっていました。前回発売させて
いただいた『ビールめし』は料理をしたことがない方々にも手に
取っていただけるような試しやすいレシピ本にしたつもりです。

　そして今回発売のレシピ本は、それとは違った仕立てになっ
ております。好きなお料理がさらにおいしく、楽しくなる。これ
が本書の狙いで願いです。ちょっとした手間がぐんと味を進化
させる。忙しいと手間なんてかけていられない! という方も多
いと思いますが、知ってしまったらもう後には戻れない"魔法の
一手"を盛り込みました。

　料理系YouTuberとして活動して早4年、身も舌も肥えた
30歳の男がこだわりにこだわって作ったレシピの数々をぜひ、
みなさんの料理レパートリーに加えていただければと存じます。

BEERMESHI2　INDEX

Part1
この一品で満足レシピ

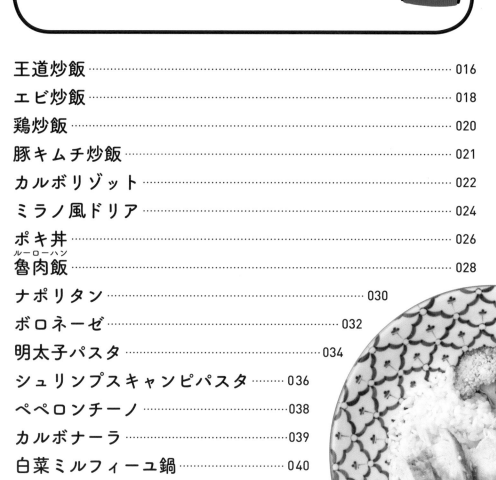

Part2

白米の相棒レシピ

BEERMESHI2 INDEX

Part3
週末贅沢レシピ

これがあれば大丈夫
調理器具や道具

ぼくは料理を作るのに、特殊な道具はあまりいらないと思っていて、包丁に鍋にフライパン、あとは最低限ゴムベラがあれば大丈夫です。あ、でも包丁は用途に合わせたものが数本あるとめちゃくちゃ便利ですね。

一番こだわりたい包丁

一般的な三徳包丁でも十分ですが、包丁の特性によって使い分けると料理がもっとラクに楽しくなります。ぼくは基本的に「三徳包丁」「ペティナイフ」「牛刀（大）」「牛刀（小）」の4種類を使い分けています。

三徳包丁

野菜、肉、魚のどんな食材にも使いやすい万能包丁。ぼくはおもに野菜を切るときに使います。

ペティナイフ

レモンやライムなどのちょっとしたものを、まな板を使わないで切りたいときに便利です。野菜や果物の皮剥きにも使えますよ。

牛刀（大）

大きな肉の塊を切るときに使う包丁です。刃渡りが三徳包丁よりも大きめなので、ブロック肉を切り分けるときに便利です。

牛刀（小）

小さな肉を切るときに使う包丁です。切れ味が大切な食材を切るときに使います。あとは、刺身包丁の代わりに使うこともありますね。

＼ POINT ／

包丁研ぎはしっかりする。

包丁の切れ味が悪いと、食材がうまく切れなくて困ってしまいます。とくに肉や魚は切れ味が命。最近は100円ショップで手軽に包丁研ぎが手に入るので、調理前に軽く研ぐようにしておきましょう。

使いやすいものが一番 鍋・フライパン

家庭のごはんを作る程度であれば、あまり鍋やフライパンの材質にはこだわらなくてもいいと思います。鉄鍋やアルミ鍋は扱いにコツがいるし場所もとるので、市販のチタンやテフロンでコーティングされているもので十分です。ただ、サイズはできればそれぞれ大・中・小とセットで揃っていたほうが、料理に合わせて使えます。とくに小鍋は食材の下ゆでや、ゆで卵、ソースを作るときに便利です。かたくて大きな肉を煮込むときには圧力鍋を使うと時短になります。

1本あると安心 ヘラ

1本だけ用意するなら、耐熱シリコン製のゴムベラがおすすめです。鍋肌やボウルのふちについた部分まできれいにすくうことができます。余裕があるなら木ベラもあるといいでしょう。高温での炒め物や、食材をつぶしたりほぐしたりする料理に向いています。金属製のものはフライパンや鍋底のコーティングを傷つけてしまうので、あまりおすすめしません。

下準備を助ける ボウルやトレイ

食材を混ぜたり、漬けたりするときにはボウルやトレイを使いましょう。深皿や平皿でも代用できますが、傷がついたりにおいがついたりしてしまいます。耐熱性があるものを選ぶと、そのまま電子レンジ調理もできます。

あるとラクチン お役立ち便利グッズ

フードプロセッサー

みじん切りがあっというまにたくさんできます。料理を多めに作り置きするときにも重宝します。

トング

ブロック肉などの大きな塊を扱うときには便利です。肉の形を崩すことなくつかめます。

不足がないように確認 消耗品

ラップやクッキングペーパー、アルミホイル、料理を保存するためのポリ袋などは、すぐ使えるように調理前に準備しておくようにしましょう。とくにクッキングペーパーは食材の水気を切ったり、余分な油を吸ったりと大活躍です。

とっくんが伝授
お役立ち小技5選

ここでは、ぼくが料理中によく使うテクニックやちょっとしたひと手間を紹介します。いろいろな料理に応用できるので、ぜひ覚えていってください。

長ねぎのみじん切り

ぼくは長ねぎが好きで、壁から生えてきてほしいくらい大好きなんです。
だから、ぼくのレシピには長ねぎのみじん切りがよく登場します。

まずは長ねぎの根元と頭を切り落としてから、斜め45°に切り込みを入れていきます。深さはねぎの半分くらいです。

表側に切り込みを入れたら、裏側も同じように切り込みを入れて蛇腹状にします。下側まで完全に切ってしまわないように注意!

あとは端っこから3mmくらいの幅で切っていくだけ。みじん切りは手間がかかるイメージですが、実は結構簡単です。

ザクザクと切っていきます。この方法ならねぎがあちこちに飛び散る心配もありません。お掃除もラクチンです。

油作り

炒飯やパスタ、炒め物の肝はおいしい油です。にんにくや長ねぎ、唐辛子などの香味野菜に香りを移した油をちゃんと作るのが大事です。そうでなければ炒飯は「ただの油炒めご飯」になってしまいます。

ほぼ必ず使うのはにんにくです。薄皮を剥いて芯(芽)を取り除いたら、包丁の腹をのせて体重をかけてつぶしてからきざみます。繊維をつぶすことでより香りが引き立ちます。

冷たい油にきざんだ香味野菜やスパイスを入れてから点火します。先に油を熱するのはNG。一緒にじっくり弱火で煮出すようにして火を入れて、香りを油に移していきます。

落とし蓋

クッキングシート

ラップ（落としラップ）

食材を煮込んだり漬け込んだりするときに、表面が乾くことを防ぐために落とし蓋をします。煮込み料理のときはクッキングシート、漬け料理のときはラップ（落としラップ）で使い分けます。

クッキングシートは煮汁を吸ってぴったりと具材にくっつくので、乾燥を防ぎつつ、しっかりムラなく味をしみ込ませることができます。肉の余分な脂やアクを吸い取ってくれるのもポイントです。

ラップをかけるときは、具材にぴったりと密着させて隙間を作らないようにします。タレにしっかり漬けることができるうえ、空気を遮断することで乾燥や変色を防ぐことができます。

お刺身を洗う

ぼくはお刺身を買ったら必ずすることがあります。刺身にさっと塩をふって料理酒（日本酒）で洗うんです。塩水処理や塩締めといって、お刺身を塩や塩水で洗うと浸透圧で水分や雑味が抜けて身が引き締まり、臭みも取れます。

刺身に塩をふった後に水で洗うとぶよぶよになってしまいます。手に日本酒をまぶして、指でこそぐイメージで払い落としてあげましょう。

にじみ出た水気をしっかり拭き取ります。このまま食べてもいいですが、クッキングペーパーで身を包んで冷蔵庫で半日ほど寝かせると、さらに引き締まります。

ベジブロス

料理を作っていると、玉ねぎやにんじんの皮や芯、セロリの葉っぱの切れ端などのいわゆる「野菜クズ」がいっぱい出ますよね。これ、捨てないでください。おいしいだしがとれます。とくに玉ねぎの皮はいいだしが出ます。

野菜クズはまず、土や汚れなどを水でしっかり洗い流します。汚れなどを水で洗ってから、水を入れた鍋に入れて火をつけます。加熱することで野菜の旨味成分が溶け出します。

30分くらい煮込んだら、ザルでこします。見てください、ただ野菜を煮込んだだけでこんなに色が出ます。ベジブロスはストックしておいて、スープや汁物に使ってください。

そろえておきたい
調味料とスパイス

ぼくが料理でよく使う基本の調味料やスパイスです。基本のものから集めて、使いやすいものを増やしていきましょう。

砂糖 （三温糖）

上白糖でも問題ありませんが、ぼくは三温糖をおすすめします。焦がして作ってあるので香ばしくてコクがあります。とくに煮込み料理は絶対にこれです。使うと味に深みが増します。煮込みなら色がついていても気になりません（まあぼくはホットケーキを作るときも三温糖ですけど）。

酢

さっぱりとした味わいになる酢は、マリネや漬け料理にも必須の調味料。お好みのタイプの酢でいいと思いますが、穀物酢はすっきりしていて、米酢だと少し甘くまろやかな味わいです。ぼくはいろいろな用途に使える調味酢を常備しています。お寿司用の酢飯にも使えます。

しょうゆ

料理に使うしょうゆは「濃口」と「薄口」が多いかと思います。濃口は煮物系、薄口は汁物に使うのがよいそうです。そんなぼくは、ぼくの住む九州の「ソウルしょうゆ」である「うまくち」しょうゆを使っています。分類的には濃口らしいですが、普通のしょうゆよりも甘みがあるのが特徴です。

みりん

みりん風調味料ではなく、本みりんを使うようにしてください。食材の臭みを取り、煮崩れを防止してくれます。加熱しないで使用するとアルコールが強く、料理の風味をじゃましてしまうことがあるので、タレなどに混ぜる場合は、先に火にかけてアルコールを飛ばしてから使用します。

ハチミツ

ちょっとした甘みが必要なときは、砂糖よりもハチミツが扱いやすくておすすめです。砂糖よりも低カロリーでビタミンやミネラルなどの栄養があり、そしてなによりコクがあり、料理に奥行きが生まれる気がします。ただし、火にかけるときには砂糖よりも焦げやすくなるので注意が必要です。

味噌

白味噌、赤味噌、合わせ味噌などさまざまな種類がありますが、基本的には各家庭にある味噌で構いません。ちなみにぼくは合わせ味噌を使うことが多いです。コクがある味噌は汁物や炒め物のほか、ハンバーグの隠し味にも使える最強調味料。最近はチューブタイプも売っているので便利です。

料理酒 （日本酒）

アルコールには肉や魚の臭みを取り、身をやわらかくする効果があるので、ほとんどのお肉やお魚料理に使用される調味料。ぼくは基本的に紙パックの日本酒を料理酒として使っています。タレなどに混ぜる場合には、みりんと同様に先に火にかけてアルコールを飛ばしておきましょう。

ワイン

赤ワインはおもに牛豚肉を漬けて臭みを取るために使います。そのため、余り物や安いペットボトルや紙パックのワインで十分。もったいないので使用済みのワインは捨てずに料理に加えて活用してください。2種のワインをブレンドすると風味に深みが増します。海鮮系は白ワインで香りづけをします。

ブラックペッパー

普通のこしょうよりもピリッとした辛味と香りが強いのが特徴で、肉の臭み取りから料理の仕上げの香りづけまでこなす重要なスパイス。ホール状態のものを挽くミルがついているものが使いやすくておすすめです。ゴリゴリと挽きたての黒胡椒の香りが、食欲を引き立てます。

ドライパセリ

料理の仕上げを飾るパセリは、見た目が華やかになるだけでなく、さわやかな大人の香りと味を楽しめます。本当は生パセリをきざんで使うのが一番ですが、手元になかったり時間がなかったりするとき、または生パセリの苦味が苦手という人は市販のドライパセリでも十分です。

にんにく

独特の香りや風味で食欲をそそる香味野菜です。つぶして薄切りやみじん切りにしたり、すりおろしたりして使います。芯（芽）は炒めたときに焦げやすいため、最初に包丁で取り除いておきましょう。すりおろしたものは市販のチューブでも代用できるので活用してください。

しょうが

さわやかな香りや辛味がある香味野菜です。薄切りやみじん切りにしたり、すりおろしたりして使います。皮を剥いたほうが食感はよいですが、ぼくは栄養がつまっている皮ごと使う派です。お好みで使い分けてください。すりおろしたものは市販のチューブでも代用できるので活用してください。

その他そろえておきたいもの

マヨネーズ	鶏ガラスープの素	八角
ケチャップ	コンソメ	ラード
ウスターソース	うまみ調味料	バター
オイスターソース	コチュジャン	オリーブオイル
麺つゆ	豆板醤	ごま油
白だし	唐辛子	
顆粒だし	ナツメグ	

カエシを作ってみよう

カエシはラーメンのスープなどにも使われるタレのことで、炒飯や唐揚げを作るときに、しょうゆをカエシに変えると、さらにおいしくなりますよ。しょうゆとみりん、砂糖を混ぜて簡単に作れます。それぞれ1：1：1の割合を基本にしつつ、お好みの配分を探してみてください。

本書の使い方

本書では、とっくんが SNS などで公開した料理動画をもとに、さらにパワーアップさせたレシピを紹介しています。そのため、一部元動画と異なる工程のレシピがあります。

① 材料

2 人分の料理に使う材料です。ただし、"とっくん 2 人分"のため、普通の人には少し量が多いかもしれません。食べきれない分は、保存容器に入れて冷凍保存してください。

② カテゴリー

それぞれの Part ごとに、紹介しているレシピを料理の種類や素材からカテゴリー分けして表記しています。自分が食べたい気分のレシピを検索して、今日の献立を決めてみてください。

③ とっくんレポート

料理を作って食べたとっくん自身のコメントや、「こうしたらもっとおいしいですよ」というおすすめポイントです。こんなおいしい料理、いったい誰が作ったんだろう……、あっぽくか。

④ 作り方

料理の作り方を紹介しています。あらかじめ [とっくんのお役立ち小技 5 選（p.10）] を確認してから進めるのがおすすめです。隣のプロセス写真といっしょに確認してください。

⑤ プロセスポイント

料理のプロセスのなかでのポイントを解説しています。元の動画内で説明している部分もあれば、今回新しくアップデートした部分もあるので要チェックです。

⑥ とっくんのひと手間

料理を格上げできるひと手間やちょい技について解説しています。ぜひとも実践してほしいテクニックなので、参考にして作ってみてください。

Part 1

この一品で満足レシピ

たった一品でおなかいっぱい
食べることができる
ボリューミーなレシピを紹介……
でもおかしいですね……
おいしすぎて食べれば食べるほど
おなかが空きます……。

パラパラすぎて
レンゲですくうのも
一苦労！

王道炒飯

仕上げに残りの長ねぎを入れることで、食感を残す!

🍴 材料（2人分）

ご飯	200g
長ねぎ	1/2 本
にんにく	1 片
チャーシュー（市販品）	2 切れ（50g）
ラード	大さじ 3
卵	2 個
塩	小さじ 1
ブラックペッパー	適量
しょうゆ	大さじ 1
紅しょうが	適量

長ねぎのみじん切りは、蛇腹に切れ目を入れてから切る。

a

1 長ねぎはみじん切り**ⓐ**、にんにくはつぶしてみじん切りにする。チャーシューは 1cm 角に切る。

2 フライパンにラード、にんにく、半量の長ねぎを入れてから火をつけて炒める**ⓑ**。

3 割りほぐした卵とご飯をフライパンに入れる。全体を混ぜたら端に寄せ、空いたところにチャーシューを入れる。

にんにくと長ねぎを入れてから、一緒にラードを熱する。

b

4 チャーシューを軽く炒めてから全体を混ぜ、強火で炒めながら塩とブラックペッパーで味を調える。鍋肌からしょうゆを入れる**ⓒ**。

5 残りの長ねぎを入れる。しょうゆの水分が飛び、全体がなじむまで炒め合わせる。

6 器に盛り、紅しょうがを添える。

とっくんのひと手間

✉ 炒飯は「油作り」が大切。油とにんにくを一緒に徐々に加熱することで、香りを移します。（p.10）

c

エビ炒飯

エビと八角の香りがゴージャス！

中華屋さんで食べるちょっとお高めなエビ炒飯（1,800円税別）。

🍴 材料（2人分）

ご飯	200g	ラード	大さじ4
エビ（殻つき）	10尾	八角	1個
チャーシュー（市販品）	2切れ(50g)	しょうゆ	大さじ1
長ねぎ	1/4本	オイスターソース	大さじ1
にんにく	1片	砂糖	小さじ2
卵	2個	うま味調味料	小さじ1/2
片栗粉	大さじ1		
マヨネーズ	大さじ1		
塩、こしょう	各少々		

1 エビの殻と背わたを取る。エビの殻は捨てずによく水洗いして取っておく。

2 ボウルに片栗粉と水100mL（分量外）を入れ、エビの身を揉むように洗う。

3 エビをマヨネーズと塩、こしょうで和えて、落としラップをして下味をつける**ⓑ**。

4 長ねぎはみじん切り、にんにくはつぶしてみじん切りにする。チャーシューは5mm角に切る。

5 フライパンにラードと1のエビの殻、にんにくを入れてから火をつけて炒める。10分ほど加熱したら殻とにんにくをこして取り出す。

香味油作りはじっくり丁寧に！

6 そのままチャーシューと八角を入れて炒める。八角の香りが立ったら、割りほぐした卵とご飯を入れる。

7 鍋肌からしょうゆ、オイスターソース、砂糖を入れる。全体を混ぜたら端に寄せ、空いたところに3のエビを入れる**ⓓ**。エビが赤くなったら長ねぎを加え、うま味調味料をふり、全体を炒め合わせる。

とっくんのひと手間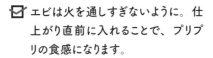

☑ エビは火を通しすぎないように。仕上がり直前に入れることで、プリプリの食感になります。

鶏炒飯

老舗の焼き鳥屋さんのカウンターでしか嗅げないおいしい鶏の香り。

🍴 材料（2人分）

ご飯	200g
鶏もも肉	1枚（300g）
塩	少々
ブラックペッパー	少々
にんにく	2片
長ねぎ	1/2本
卵	2個
しょうゆ	小さじ1
鶏ガラスープの素	小さじ1
卵黄	2個分

1 長ねぎは小口切りにする。鶏もも肉に塩とブラックペッパーをふって下味をつけ、室温に戻す。

2 フライパンには油を引かず、鶏もも肉の皮目を下にして置く。上にアルミホイルをのせ、水の入った小鍋を重しにして、火をつける**ⓐ**。

3 鶏もも肉の皮目に焼き目がついたら裏返し、同様に焼く**ⓑ**。フライパンから鶏もも肉を取り出す。鶏もも肉から抽出された鶏油につぶしたにんにくを入れて素揚げして取り出す**ⓒ**。

4 割りほぐした卵とご飯を入れ、ひと口大に切った鶏もも肉を加える。全体を混ぜたら端に寄せ、鶏ガラスープの素としょうゆを鍋肌から入れて、全体になじませる。

5 ブラックペッパー（分量外）を好みでふり、長ねぎを加えて全体を炒め合わせる。

6 器に盛り、卵黄をのせる。3の素揚げしたにんにくを添える。

とっくんのひと手間

☑ 鶏肉は上から重しをすることで、全面にムラなく焼き色がつきます。また、抽出したコクのある鶏油も活用することで炒飯に旨みが増します。

鶏もも肉の上に水を入れた小鍋を置いて重しにする。

鶏皮のエキスを抽出した鶏油で、香ばしさが増す。

豚キムチには、甘めのキムチがよく合う！

豚キムチ炒飯

キムチは切ってから炒めることで水分が飛ばしやすくなる。

海苔は軽く炙ることで、香ばしさが増します。

🍴 材料（2人分）

ご飯	200g	塩、こしょう	各小さじ1
豚バラスライス	150g	オイスターソース	大さじ1
キムチ	100g	卵	2個
長ねぎ	1/4本	ブラックペッパー	適量
にんにく	1片	ごま油	適量
ラード	大さじ3	海苔	1枚

1 長ねぎは小口切りにし、にんにくはみじん切りにする。豚バラスライスは2cm幅に切る。キムチはひと口大に切る。

2 フライパンにラードとにんにくを入れてから火をつける。豚バラスライスをフライパンに入れ、塩、こしょうをふる。キムチを加え、水気が飛ぶまでしっかり炒める**b**。

3 オイスターソースを鍋肌から入れ**c**、割りほぐした卵とご飯を加える。

4 ブラックペッパーをふり、長ねぎとごま油を入れて全体を炒め合わせる。

5 器に盛る。海苔を炙り**d**、ちぎってふりかける。

とっくんのひと手間

☑ キムチはしっかりと水分を飛ばすことが肝心です。ベチャベチャではなくパラパラに仕上げましょう。

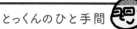

硬めに炊いたリゾット
と卵ソースの相性は
抜群。噛めば噛むほ
ど味が増幅！

カルボリゾット

濃厚卵かけご飯（？）に
ダメ押しの生卵

🍴 材料（2人分）

生米	1合	ほうれん草	50g
ベーコン	100g	バター	25g
		塩	小さじ1
A		ブラックペッパー	適量
卵	2個	オリーブオイル	大さじ2
卵白	2個分	卵黄	2個分
粉チーズ	大さじ2	粉チーズ	適量
B			
水	500mL		
鶏ガラスープの素	小さじ1		
コンソメ顆粒	小さじ1		

卵ソースは
だまにならないように
しっかりと混ぜる。

1 ベーコンは短冊切りにする。**A**をよく混ぜて卵ソースを作る **ⓐ**。

2 鍋に**B**を入れて火をかけて沸騰させる。

3 フライパンにオリーブオイルを熱し、ベーコンを入れて炒める **ⓑ**。

4 ほうれん草を加えて火が通ったら、生米を入れて透明になるまで炒める **ⓒ**。

5 **2**をフライパンに注ぎ、蓋をして約15分間炊く。火を消し、蓋をしたまま約5分蒸らす。

6 卵ソース、バターを加え、余熱で溶かしながら混ぜる **ⓓ**。

7 塩とブラックペッパーで味を調え、全体を混ぜる。器に盛り、卵黄をのせる。

8 粉チーズとブラックペッパー（分量外）をふり、オリーブオイル（分量外）を垂らす。

ベーコンはカリカリに
なるまで炒めて、
フライパンに旨みを抽出。

とっくんのひと手間

☑ 生卵と粉チーズを混ぜるだけで、簡単に絶品卵ソースの出来上がり。ソースはパンにかけたり温野菜につけたりするのもおすすめです。

余熱で溶かすことで、
卵に火が入り過ぎて
ボソボソになるのを防ぐ。

ミラノ風ドリア

罪深い自家製ホワイ
トソースとトマトソー
スでデブのDNAを
噛み締めて……。

とろとろのチーズとご飯が
絡み合うその様は、
まさに人間を太らせる
二重螺旋構造

🍴 材料（2人分）

ご飯	200g	ローリエ	2 枚
牛豚合いびき肉	500g	バター	30g
玉ねぎ	3 玉	小麦粉	30g
にんじん	1/2 本	牛乳	300mL
セロリ	1 本		
マッシュルーム	3 つ	**A**	
にんにく	1 片	塩、こしょう	各小さじ 1/2
オリーブオイル	大さじ 2	コンソメ顆粒	小さじ 1
塩	小さじ 1		
ブラックペッパー	適量	ピザ用チーズ	ふたつかみ
ケチャップ	大さじ 3	粉チーズ	適量
赤ワイン	300mL	パセリ	適量
トマト缶	1 缶		

野菜は飴色に
なるまでしっかり炒める。

1 玉ねぎ、にんじん、セロリ、マッシュルーム、にんにくをみじん切りにする。

2 フライパンにオリーブオイルを熱し、弱火でにんにくを炒める。玉ねぎを加えて塩をひとつまみ（分量外）ふり、飴色になるまで炒める。セロリ、にんじん、マッシュルームを加えてさらに塩をひとつまみ（分量外）ふり、全体がなじんでしんなりするまで炒め**a**、鍋に移す。

3 そのままのフライパンに牛豚合いびき肉を入れ、塩とブラックペッパーをふる。ひき肉は鍋に押しつけるように焼き固める**b**。両面を焼き固めたら、塊を残すようにして崩していく**c**。2 と同じ鍋に移す。

ひき肉を焼き固めて
崩すことで、肉の
ゴロゴロ感が出る。

4 そのままのフライパンにケチャップを入れて水分を飛ばす。赤ワインを加えてアルコールを飛ばしながら、ヘラでフライパンについた旨みをこそげ取るようにして鍋に移す。トマト缶、ローリエを加え、弱火で 1 時間煮込み、トマトソースを作る。

5 小鍋にバターを熱し、小麦粉を加える。牛乳を少しずつ加えてなじませたら **A** を加えて味を調え、ホワイトソースを作る**d**。

6 ご飯を耐熱皿に盛り、ピザ用チーズをのせる。ホワイトソースをお玉 2 杯分かけたら粉チーズをふり、トマトソースもお玉 2 杯分かける。200℃のオーブンで 15 分加熱する。仕上げにパセリをかける。

ヘラに沿わせるように
ゆっくり牛乳を注ぐと、
周囲に飛び散らない。

どんなワルでも笑顔で
よだれまみれになること
間違いなし

ポキ丼

漬けダレはレシピの手順で入れることでよりマイルドな味つけに。甘辛いタレが食欲をそそります。

時間がないときは直前に日本酒で洗うだけでも OK。

🍴 材料（2人分）

ご飯	300g	しょうゆ	50mL
まぐろ	1 柵（200g）	砂糖	大さじ 1
かんぱち	1 柵（200g）	ごま油	大さじ 1
サーモン	1 柵（200g）	コチュジャン	大さじ 1
きゅうり	2 本	卵黄	2 個分
みりん	50mL	白ごま	適量
料理酒	50mL		

白いアクが出たら、水で軽く洗い流す。

1 まぐろ、かんぱち、サーモンは柵の状態のまま、塩（分量外）をひとふりしてしばらく寝かせておく。キッチンペーパーで水気を取り、手にまぶした日本酒（分量外）で軽く洗う🅰。少し寝かせてから各 1cm 角に切る。

2 きゅうりはへたの切り口をこすってアク抜きをする🅑。縦半分に切り、スプーンの柄などで種を取ったら🅒、1cm 角に切る。

3 みりんと料理酒を小鍋に入れて火にかけ、アルコールを飛ばす。火を消してから、しょうゆ、砂糖、ごま油、コチュジャンの順に加えて混ぜる。

種を取ることで舌触りがよくなる。

4 あら熱が取れたら、1、2 と合わせて全体をよく和える🅓。

5 器にご飯と 4 を盛る。卵黄をのせ、白ごまをふる。

スプーンで混ぜたほうが、身崩れしにくい。

とっくんのひと手間

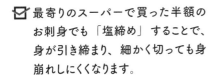

☑ 最寄りのスーパーで買った半額のお刺身でも「塩締め」することで、身が引き締まり、細かく切っても身崩れしにくくなります。

クリスマスといえば魯肉飯。チンゲン菜というツリーの麓にはたくさんのプレゼント（豚バラブロック）が……❤。

すべてを魯肉飯に
染め上げる
濃くも深い香り

ルーローハン
魯肉飯

🍴 材料（2人分）

ご飯	300g	ブラックペッパー	ひとつまみ
豚バラブロック	250g	三温糖	大さじ2
干しシイタケ	5個	オイスターソース	小さじ2
（シイタケの戻し汁	150mL）	五香粉	少々
にんにく	1片	しょうゆ	小さじ2
しょうが	1片	ゆで卵	2個
ラード	大さじ2	ゆでたチンゲン菜	1株
唐辛子	1本		
八角	1個		

a

1 干しシイタケは水で戻しておき、1cm角に切る。戻し汁は捨てずに取っておく**a**。

2 豚バラブロックは1cm角に切る。にんにく、しょうがはみじん切りにする。

しょうがは栄養がある皮ごときざむのがとっくん流。

3 フライパンにラード、唐辛子、八角、ブラックペッパー、にんにく、しょうがを入れてから火をつけ、炒める**b**。

4 豚バラブロックを入れて焼き色がつくまで炒める。干しシイタケとシイタケの戻し汁を加える。

b

5 三温糖、オイスターソース、五香粉を加える。クッキングペーパーで落とし蓋をして、弱火で3時間煮込む**c**。

クッキングペーパーはぴったりとくっつける。

6 火を止めたらしょうゆを回し入れ、全体を混ぜる。小鍋に移し替え、ゆで卵を加える。冷ましながら味を染み込ませる**d**。

c

7 器にご飯を盛り、温め直した**6**をのせる。ゆでたチンゲン菜を添える。

一度冷ますことで味が染み込む。食べる前に温め直そう。

とっくんのひと手間

☑ クッキングペーパーで落とし蓋をすることで、冷え切ったペーパーを剥がすときに油がある程度取り除けるので、油っぽくなりません。

d

ナポリタン

粉チーズをかければ、
こんなのとうに
食べ終わっている……
ウマすぎる！

世の中ではナポリタンの
ソーセージは輪切りにす
るそうだけれど、1本丸
ごとゆで焼きにしたほう
がウマイでしょう！

🍴 材料 （2人分）

パスタ（フェットチーネ）	160g	ケチャップ	大さじ4
玉ねぎ	1個	ブラックペッパー	適量
ピーマン	2個	ソーセージ	6本
ミニトマト	6個	粉チーズ	適量
にんにく	2片		
オリーブオイル	大さじ2		
塩	ひとつまみ		

塩をふってから炒めることで、浸透圧を利用して水分を出す。

1 玉ねぎは薄切りにし、ピーマンはせん切り、ミニトマトはくし切りにする。にんにくはつぶす。

2 鍋でパスタを規定の時間ゆでる。

3 フライパンにオリーブオイルとにんにくを入れる。弱火で煮出すイメージで炒める。

4 玉ねぎ、ピーマン、ミニトマトをフライパンに入れる。塩をふり、クタクタになるまで炒める🅐。

5 全体を端に寄せ、空いたところにケチャップを入れ、軽く水分を飛ばしてから全体を炒め合わせる🅑。塩（分量外）とブラックペッパーをふる。汁気が飛ぶまで炒めたら、中身をすべて取り出す。

ケチャップがぐつぐつと煮立ったら、全体を混ぜる。

6 別のフライパンにソーセージを入れる。2のパスタのゆで汁をお玉1杯分注ぎ、ゆで焼きにする🅒。

7 フライパンに5で取り出した野菜とパスタを加え、全体を炒め合わせる🅓。

8 器に盛り、粉チーズをふる。

ゆで焼きにすることで肉汁の漏れを防ぐ。

とっくんのひと手間

☑ 具材を絡める前に水分を飛ばして焼きケチャップにすることで、酸味が飛んでコクが増します。

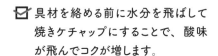

ボロネーゼ

牛肉の下味に1日、ソースを寝かせるのに1日。でも手間ひまかけるだけの価値は大アリ！

自分で1から作ったソース、
おいしくないはずがない！

🍴 材料 （2人分）

パスタ（フェットチーネ）……160g		トマト缶…………………1缶	
牛バラブロック……………500g		小麦粉……………………適量	

A
- 赤ワイン（重め）………100mL
- 赤ワイン（軽め）………100mL

玉ねぎ………………………1個
にんじん……………………1本
セロリ……………………1/2本
サラダ油……………………適量
塩……………………………小さじ1

B
- 塩………………………小さじ1
- 砂糖……………………小さじ2
- 粉チーズ………………大さじ1

ブラックペッパー…………適量
パセリ………………………適量
生クリーム…………………適量

小麦粉が肉汁の流出を防ぎ、ふっくらと焼き上がる。

1 牛バラブロックはひと口大に切り、Aに漬けて冷蔵庫で一晩置く。

2 玉ねぎ、にんじん、セロリをみじん切りにする。

3 フライパンにサラダ油を熱し、2を入れる。塩を加えて飴色になるまで炒めたら、鍋に入れる。

4 1の牛バラブロックを取り出して小麦粉をまぶす。フライパンにサラダ油を熱し、牛バラブロックの両面に焼き色をつける。

牛肉の臭み取りに使った赤ワインも捨てずに有効活用。

5 3の鍋に入れ、トマト缶と牛バラブロックを取り出したAに加える。蓋をして、弱火で約3時間煮込む。中身が焦げないように適宜かき混ぜる。

肉は煮込みながらヘラでしっかり崩して、混ぜていく。

6 あら熱を取り、冷蔵庫で一晩寝かしてラグーソースを作る。

7 パスタを規定の時間ゆで、フライパンに入れる。ラグーソースをお玉3杯分を目安に加える。パスタのゆで汁をお玉1杯分注いでソースをゆるめ、Bを加えて味を調える。全体を炒め合わせる。

8 器に盛り、ブラックペッパーときざんだパセリをふり、生クリームを垂らす。

とっくんのひと手間

☑ ワインは余りものやお手頃なものでOK。2種類以上の赤ワインを使うことで、味に深みを出すのがポイントです。

カリカリに焼いた
明太子の皮で鬼に金棒！
お手軽映えパスタ！

明太子パスタ

明太子とユニコーンの
たてがみくらい細くき
ざんだ大葉の風味が
やばすぎて、魔法で
宙に浮いちゃいそう!

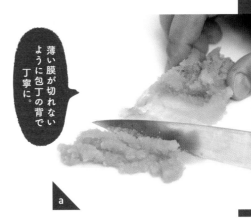

薄い膜が切れない
ように包丁の背で
丁寧に。

a

材料（2人分）

パスタ	160g
明太子	1/2 本
生クリーム	50mL
塩こんぶ	ひとつまみ
大葉	5 枚
バター	10g

明太子の粒を
つぶさないように
気をつけて混ぜる。

b

1 明太子は半分に切り、包丁の背を使って中身を取り
出す **a**。明太子の皮は捨てずに取っておく。大葉は
せん切りにする。

2 ボウルに明太子の中身と生クリーム、塩こんぶを入
れて混ぜ、明太子ソースを作る **b**。

3 明太子の皮をアルミホイルにのせ、200℃のオーブン
で 15 分加熱する **c**。

4 パスタを規定の時間ゆで、水気を切って 2 のボウル
に入れる。バターを加えて全体を混ぜ合わせる。混
ぜにくい場合は、適宜パスタのゆで汁を加える **d**。

5 器に盛り、大葉と 3 の明太子の皮をのせる。

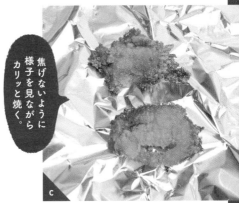

焦げないように
様子を見ながら
カリッと焼く。

c

とっくんのひと手間

✉ 明太子の皮は丁寧に取り除けば口
当たりも滑らかに。皮を焼いたもの
は最高のおつまみにもなります。

明太子に火を通さない
ようにするために、
余熱でバターを溶かす。

d

ガーリックシュリンプの
ような香りがムンムン!

シュリンプ
スキャンピ
パスタ

にんにくとエビの香りを移したオリーブオイルを、麺全体に行き渡らせてください。

材料（2人分）

パスタ（フェットチーネ）	160g
エビ	8尾
にんにく	4片
オリーブオイル	50mL
白ワイン	50mL
レモン果汁	大さじ1
バター	大さじ1
塩	小さじ1
ブラックペッパー	適量
パセリ	適量

1 にんにく、パセリはみじん切りにし、エビは殻と背わたを取り除く。エビの殻は捨てずに取っておき、よく水洗いをする。

2 フライパンにオリーブオイルとにんにく、エビの殻を入れてから火をつける。弱火で炒めながら、オリーブオイルにエビの香りを移す🅐。

3 フライパンからエビの殻を取り除く。エビの身を入れ、白ワインとレモン果汁を加える。蓋をしてエビに火が通るまで蒸し焼きにする🅑。

4 パスタを規定の時間ゆで、3のフライパンに入れる。バターを加え、パセリ、塩、ブラックペッパーをふり、全体を軽く炒め合わせる🅒。

殻が崩れるのを注意しながら、常にかき混ぜるように炒める。

白ワインを回しかけ、煮立ったら蓋をする。

バターをパスタ全体にまとわせるようにするのがコツ。

とっくんのひと手間

☑ エビは白ワインとレモン果汁で蒸し焼きにすることで、ふっくらと仕上がります。

ペペロンチーノ

材料 (2人分)

パスタ（フェットチーネ）	150g
にんにく	4片
唐辛子	1本
ブロッコリー	8房
オリーブオイル	大さじ3
塩	ひとつまみ
ドライパセリ	小さじ1

濃厚なにんにくの香り、これはもうパスタじゃなくてほぼ豚骨ラーメン。

唐辛子は水に浸けてやわらかくしておくと切りやすくなる。

1 唐辛子はヘタと種を取り除き、輪切りにする**a**。にんにくはみじん切りにする。

2 フライパンにオリーブオイルとにんにく、唐辛子を入れてから火をつける。弱火で煮出して油に香りを移す**b**。

3 パスタを規定の時間ゆでる。ブロッコリーも同時にゆでる。

4 ゆでたブロッコリーとゆで汁をお玉1杯分入れる**c**。

5 パスタを加え、塩とドライパセリをふりかけて全体をなじませる**d**。

6 汁気がなくなったら火を止めて、器に盛る。

冷凍ブロッコリーを使うと便利。

とっくんのひと手間

☑ パスタを炒めるときにゆで汁を入れることで油と混ざって乳化が起こり、とろみがついてまろやかな口当たりになります。

濃厚な卵とチーズが蛇のようにパスタに絡みつく。

カルボナーラ

🍴 材料 （2人分）

パスタ	160g
生ベーコン	1袋（50g）
オリーブオイル	大さじ1
バター	10g
ブラックペッパー	適量
卵黄	2個分

A

粉チーズ	大さじ3
卵黄	3個分
コンソメ顆粒	小さじ1
鶏ガラスープの素	小さじ1
ブラックペッパー	適量

生クリームがなくてもおいしいクリームができる！

ゆで汁でソースの濃度を調整しつつ、パスタを乳化させる。

1 ボウルに **A** を入れ、よくかき混ぜてソースを作る **ⓐ**。

2 フライパンにオリーブオイルを熱し、生ベーコンを炒める。

3 パスタを規定の時間ゆで、水気を切ってフライパンに入れる。バターを加え、全体に絡められるようにパスタのゆで汁で濃度を調節する **ⓑ**。

4 1のソースを加える。火を消し、余熱で全体を混ぜる **ⓒ**。

5 皿に盛り、ブラックペッパーをふる。卵黄をのせる。

とっくんのひと手間

✉ もちろん普通のベーコンを使ってもおいしいですが、生ベーコンのほうが長くじっくり火入れができるので脂をしっかり煮出せます。

白菜と豚バラの甘み、
そしてにんにくの
パンチがちょうどいい

白菜
ミルフィーユ鍋

🍴 材料 （2人分）

豚バラスライス	300g	小ねぎ	適量
白菜	1/4玉	七味唐辛子	適量
にんにく	1片		

A

ごま油	大さじ1
白だし	大さじ1
料理酒	大さじ5
塩	ひとつまみ

1 にんにくはみじん切りにする。白菜は葉を1枚ずつ剥がす。小ねぎは小口切りにする。

2 白菜と豚バラスライスを交互に重ねる。3cm幅に切る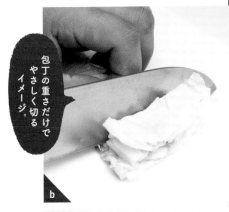。

包丁の重さだけで やさしく切る イメージ。

3 2を鍋のふちに沿って詰める。にんにくをAに加えてよく混ぜて、注ぐ。火をつけて蓋をし、白菜がクタクタになるまで約20分煮込む。

4 蓋を外し、小ねぎを散らし、七味唐辛子をふる。

無水だからこその凝縮された白菜と豚バラの旨みと甘み。にんにくと唐辛子で香りも後味も最高です。

水を加えなくても 白菜とだしの水分で 素材の味わいが 引き立つ。

とっくんのひと手間

☑ 白菜と豚肉を重ねるときは、写真のように白菜の葉と芯の部分を互い違いになるようにすると、綺麗に盛りつけられます。

つみれ鍋

しょうがとゆずの
ほのかな香りで
食べれば食べるほど
お腹が空くの

好みだけれど、おろしポン酢で食べるのもおすすめ。鍋の締めには卵雑炊にしても絶品です。

🍴材料（2人分）

豚ひき肉································500g
長ねぎ································2 本
にんにく·····························3 片

A
　しょうが（すりおろしたもの）·······1 片分
　きざみゆず（市販品）·············小さじ 1
　塩·······························小さじ 2

しょうが（スライス）·················3 枚
水·································1.5L
顆粒だし···························小さじ 3

1 長ねぎは 1 本分の頭の青い部分を切り落として取っておき、残りは斜め切りにする。もう 1 本の長ねぎはみじん切りにする。にんにくは薄切りにする。

2 ボウルに豚ひき肉と A を入れて、粘り気が出るまでよくこねる。

3 ひと口大に丸めて、つみれを作る🅐。

4 鍋に水を注ぎ、にんにくとしょうがスライス、顆粒だし、ねぎの頭の青い部分を入れて火にかける。

5 沸騰したら、つみれを鍋に入れる🅑。

6 つみれが浮いてきたらねぎの頭の青い部分を取り、斜め切りにした長ねぎを加える🅒。

形が崩れないようにやさしく入れよう。

長ねぎは最後に入れることで食感を残す。

大根ミルフィーユ鍋

🍴材料（2人分）

大根	1/4 本
にんじん	1 本
豚バラスライス	300g
にんにく	1 片
長ねぎ	1/4 本

A

ごま油	大さじ 1
白だし	大さじ 1
料理酒	大さじ 5
塩	ひとつまみ

1 大根とにんじんは薄い半月切りにする❶。豚バラスライスは 3cm 幅に切る。にんにくはみじん切りにし、長ねぎは小口切りにする。

2 大根、豚バラ肉、にんじんの順に重ね❷、鍋のふちに沿って詰める❸。

3 A とにんにくを合わせたものを注ぎ、火をつけて蓋をする。

4 大根が透明になったら蓋を開け、小口切りにしたねぎを散らす。

a

b

c

野菜を切って並べるだけだから、料理が苦手という人にもおすすめです。

シャキシャキとクタクタの中間のレタスと豚肉のハーモニー。

レンチン レタスミルフィーユ

🍴材料（2人分）

レタス ……………………………… 1玉
豚バラスライス …………… 300g
ポン酢 ………………………………… 適量

1 レタスを1枚ずつに剥がし、豚バラスライスは半分に切る。

2 耐熱ボウルにラップを敷き、レタスと豚バラスライスを交互に重ねていく**ⓐ**。

3 最後はレタスで蓋をする**ⓑ**。

4 ラップをぎゅっと絞るようにして包み**ⓒ**、電子レンジ（600w）で5分加熱する。

5 器の上でボウルをひっくり返し、ラップを外す。ポン酢をかける。

とっくんのひと手間

☑ レタスの水分で蒸されるので、材料はこの3つだけで大丈夫。ボウルに重ねるときはギュッと重ねましょう。

\とっくんの/ ビールめし Select10

この1品で満足レシピ編

ビールめしのなかでもとくにビールがおいしく飲める料理を紹介!

王道炒飯 p.16

1

王道オブ王道。瓶ビール片手にチマチマ飲むのが通の楽しみ方よ!

エビ炒飯 p.18

2

ちょっといいビールと一緒に贅沢なひと時を過ごしたい方にはとくにオススメね。

鶏炒飯 p.20

3

鶏油のきいた出来立てを、冷凍庫で冷やしておいたジョッキにビールを注いで召し上がれ!

豚キムチ炒飯 p.21

4

合わないわけないじゃない……。自炊×晩酌の定番ね。どんなビールとも相性よし!

魯肉飯 p.28

5

屋台を想像しながら、缶ビール片手に楽しめばもうそこは台湾です。

ボロネーゼ p.32

6

肉を味わいつつも、それに負けないくらい主張の強いビールが合う!

明太子パスタ p.34

7

ガーリックシュリンプとビールの相性がいいんだから、合わないはずない!

明太子と大葉を肴に、ビール以外のお酒にも合うんじゃないかしら?

シュリンプスキャンピパスタ p.36

8

9

白菜ミルフィーユ鍋 p.40

熱々の鍋をつつきながら、一人で晩酌するもよし、みんなで飲むのもよし!

つみれで温まった体に、キンキンに冷えたビール…圧倒的ッ! 至福ッ!

つみれ鍋 p.42

10

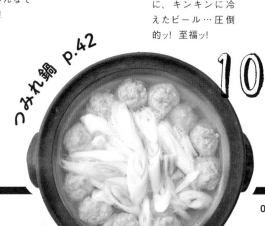

アレンジ料理 作り置きひき肉の トマトソースアレンジ

ミラノ風ドリア（p.24）のレシピで作ったひき肉のトマトソースは、
いろいろな料理にアレンジ活用できるスペシャルソースなんです。
ソースを作り置きしておくだけで、毎日の料理がグッとおいしくラクに！
ここでは、平日5日間のアレンジレシピを紹介します。

\ POINT /

① 材料を切って煮込むだけ！
作業量が少ないから初心者でも簡単に失敗なくできる神レシピです。

② 大量に作るときは食材のみじん切りがとにかく大変です。
潔くフードプロセッサーを使いましょう。

③ 冷凍用の保存袋かタッパーに入れて保存しましょう。
お玉何杯分を目安にして分けておくと使いやすいです。

\ とっくん流 /
Arrange Recipe

ひき肉のボロネーゼ ［月曜日］

トマトソースをゆでたパスタに和えるだけで、簡単おい
しいボロネーゼに。トマトソースをお玉3杯分をフ
ライパンで混ぜ炒めながら、砂糖小さじ1、粉チーズ、
コンソメ、オリーブオイルをお好みで加えて味を整え
てください。パスタはひき肉の存在感に負けないフェッ
トチーネがおすすめです。

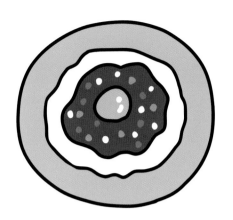

キーマカレー ［火曜日］

フライパンにクミンパウダー小さじ1、コリアンダーパウダー小さじ1、カルダモンパウダー小さじ1、ガラムマサラ小さじ1を入れ、炒めて香りを出します。トマトソースお玉2杯分を入れ、適宜水を加えながら全体がなじむまで炒めれば、ルーの完成です。ご飯にのせていただきます。

麻婆豆腐 ［水曜日］

フライパンにトマトソースをお玉2杯分を入れて中火で煮立てたら、木綿豆腐1丁を2cmの角切りにして加えます。様子を見ながら水溶き片栗粉を加えてとろみをつけましょう。お好みでラー油を加えて味を調えます。ご飯にのせてもおいしいですよ。

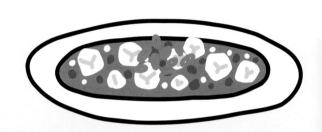

コロッケ ［木曜日］

ボウルにゆでたじゃがいもをつぶしたものと、トマトソースをお玉2杯分を入れてしっかり混ぜ合わせ、小判形に成形します。ゆるい場合はラップをかけて冷蔵庫で寝かせてください。表面に軽く小麦粉をまぶしたら、割りほぐした卵、パン粉をつけて、熱した油に入れてこんがりと揚げていきます。

ミラノ風ドリア ［金曜日］

最後はミラノ風ドリアに戻ってきました。ご飯とトマトソースってやっぱり合いますね。まあ、実はパンにつけて食べてもおいしいんですけれど……。ほかにどんなアレンジ方法があるのか、ぜひみなさんも試してみてくださいね。おいしいレシピ、待っています。

| 炒飯テクニック編 |

もっと教えてとっくん流
Q&A

炒飯を パラパラにするコツを 教えてください。

冷めたご飯ではなく、熱々のご飯を使ってください。炊飯器に残った冷飯も、冷凍していたご飯も、必ず電子レンジなどで熱々に温め直してから入れること。冷たいご飯を入れるとせっかく温めた鍋の温度が低くなってしまい、パラパラになりにくくなってしまいます。卵や肉を調理前に室温に戻しておくのも同じ理由です。そして、油をお米全体に行き渡らせて粒にまとわせるイメージでほぐし、よく混ざった卵かけご飯のような状態にします。

どうして鍋肌から 調味料を入れる のですか？

ふたつ理由があります。ひとつは鍋の熱にあたることで、しょうゆやソースの水分が飛んで、香ばしさが際立つからです。ふたつ目は、直接材料に調味料を回しかけると味ムラになってしまうのですが、鍋肌から入れることで、具材全体に均等に味を行き渡らせることができるからです。ただし、調味料が焦げてしまうので、その前にすばやく混ぜるようにしてください。炒飯だけでなく、炒め物などにも応用できるテクニックですよ。

炒飯は 強火で炒めたほうが いいですか？

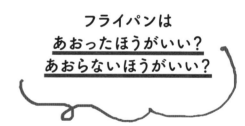

中華鍋などの鉄製の鍋を使っている場合にはYESですが、そうでないテフロン加工のフライパンなどを使っている場合は中火で十分です。というのも、鉄製の鍋は熱伝導率がいいので強火を使うと高温になりますが、一般的なフライパンは熱を受ける割合が追いついていないので、高温になりません。強火にしても意味がなく、ぼくとしてはガス代の無駄になってしまうと思っています。

フライパンは あおったほうがいい？ あおらないほうがいい？

炒飯を炒めるときに「フライパンをあおるな」という人もいますが、ぼくはあおる派です。同じ面ばかり焼いていると焦げついてしまい、ご飯が固くなってしまうからです。だからといって、焦げないように弱火にしたりフライパンを火から離したりするのは、温度が下がり、べちゃべちゃの炒飯になってしまうためNG。火は強い（中火）ままでも、焦げを作らないようにするためにあおる感じです。

Part2

白米の相棒レシピ

ビールのおつまみに合う料理は、
白米にも合うという最強のおかずに
なるというのが常識です。
ビールを飲むのか白米を食べるのか、
それとも両方一緒にいただくか……
決めるのはあなたです。

王道唐揚げ

二度揚げ↗の
唐揚げ↗で優勝！
にんにくとしょうがの
風味がたまらん！

衣は均等にムラなくつけるのがコツ。 p.82 にとっくん流の方法を紹介しています。

肉が冷たいと中まで火が通っていないことがあるので、常温に戻す。

a

🍴材料 (2人分)

鶏もも肉 2枚 (600g)

A
にんにく (すりおろしたもの) 1片分
しょうが (すりおろしたもの) 1片分
料理酒 大さじ3
しょうゆ 大さじ3

片栗粉 大さじ2
小麦粉 大さじ2
サラダ油 .... 適量

菜箸の先から小さい泡がフツフツと出てくるタイミングが適温。

b

1 鶏もも肉は皮を剥がし、ひと口大に切る。

2 ボウルに鶏もも肉を入れて **A** を加える。 全体をよく揉み込み、落としラップをして常温で30分置く **ⓐ**。

3 キッチンペーパーで水気を拭き取り、片栗粉と小麦粉をまぶす。

4 鍋に唐揚げが浮くくらいのサラダ油を入れて火をつけ、菜箸を入れたら先端から泡が出るまで加熱する **ⓑ**。

5 3を油に入れ、柴犬色になったら一度取り出す **ⓒ**。

6 強火にして、二度揚げする **ⓓ**。油を切って器に盛る。お好みでサニーレタスやレモンなどを添える。

c

とっくんのひと手間

☑ 唐揚げは二度揚げすることでカリッとなり、二倍おいしくなります（当社比）。 一回目は中火で、二回目は強火で揚げます。

二度揚げすると色が少し濃くなる。

d

唐揚げはしょうゆ、
竜田揚げは白だしベース
がとっくん流！

竜田揚げ

🍴 材料（2人分）

鶏もも肉 ……… 2枚（600g）

A ブライン液
水 ……………… 200mL
砂糖 …………… 小さじ2
塩 ……………… 小さじ2

B
にんにく（すりおろしたもの）……2片分
しょうが（すりおろしたもの）……1片分
白だし ……………………… 大さじ5

片栗粉 ……………………… 適量
サラダ油 …………………… 適量

1 鶏もも肉の皮を剥がし、ひと口大に切る。**A** を混ぜて作ったブライン液に一晩漬け込む。

2 ボウルに鶏もも肉を入れて **B** を加える。全体をよく揉み込み、落としラップをして常温で30分置く🅐。

3 キッチンペーパーで水気を拭き取り、片栗粉をまぶす🅑。

4 鍋に竜田揚げが浮くくらいのサラダ油を入れて火をつける。菜箸を入れたら先端から泡が出るまで加熱する。

5 3を油に入れ、柴犬色になったら一度取り出す🅒。

6 強火にして、二度揚げする。油を切って器に盛る。お好みでサニーレタスやレモンなどを添える。

ブライン液はしっかりと水気を切ってから、調味液につける。

a

衣をつける前に余分な水分を拭き取ることでカラッと揚がる。

b

衣が片栗粉だけなので、すこし硬いザクザクの食感！

c

とっくんのひと手間

☑ ブライン液とは水と塩と砂糖が原料の調味液のことです。漬けておくだけでパサつきが気になるお肉をしっとりおいしくしてくれます。

軟骨唐揚げ

サクサクコリコリの
んがり食感！ お好み
でレモン汁をかけた
らサッパリに。

🍴材料（2人分）

鶏軟骨	300g
塩、こしょう	各小さじ 1

A

白だし	大さじ 2
にんにく（すりおろしたもの）	2 片分

片栗粉	大さじ 1
小麦粉	大さじ 3
サラダ油	適量

1 ボウルに鶏軟骨を入れて塩、こしょうを揉み込み、
A を加える。全体をよく揉み込み **a**、落としラップを
して常温で 30 分置く。

2 キッチンペーパーで水気を拭き取り、片栗粉と小麦
粉をまぶす。

3 鍋に唐揚げが浮くくらいのサラダ油を入れて強火にす
る。菜箸を入れたら先端から激しく泡が出るまで加熱
する。

4 軟骨をすくい、ザルなどにのせて油に入れる **b**。

5 火が通り過ぎないようにすばやく揚げ、余熱で火を通
す **c**。

6 油を切って器に盛る。お好みでパセリを添える。

軟骨は余分な
水分を絞るように
しっかり揉み込む。

軟骨が散らばら
ないようにすくい
ザルにのせたまま
揚げる。

鶏軟骨は火が
通りやすいので
柴犬色になったら
すぐに取り出す。

とっくんのひと手間

☑ 衣は片栗粉より小麦粉の比率を上げ
ることで、よりクリスピーな食感になり
ます。

無敵な私は砂肝だって唐揚げにしちゃうのよ。

砂肝の唐揚げ

🍴材料（2人分）

砂肝 600g	しょうが（すりおろしたもの） 2片分

A

しょうゆ 100mL	片栗粉 大さじ2
料理酒 100mL	小麦粉 大さじ2
にんにく（すりおろしたもの） 4片分	サラダ油 適量

切れ目を入れることで火が入りやすくなり、カラッと仕上がる。

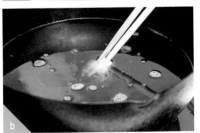

油の温度は普通の唐揚げより高めにし、短時間で素早く揚げる。

1 砂肝は格子状の切れ目を入れる。

2 ボウルに砂肝を入れ、Aを加える。全体をよく揉み込み、落としラップをして常温で30分置く。

3 キッチンペーパーで水気を拭き取り、片栗粉と小麦粉をまぶす。

4 鍋に唐揚げが浮くくらいのサラダ油を入れて火をつける。菜箸を入れ、先端から激しく泡が出るまで加熱したら、3を入れる。

5 柴犬色になったら取り出し余熱で火を通す。油を切って器に盛る。お好みでサニーレタスやマヨネーズを添える。

とっくんのひと手間

☑ 砂肝は二度揚げにするのも悪くないですが、強火で一気に揚げるほうがカラッと仕上がります。

Part2

唐揚げ

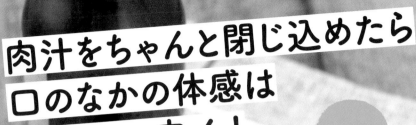

肉汁をちゃんと閉じ込めたら
口のなかの体感は
肉汁6の肉4！

飴色玉ねぎを作ると
きはみじん切りより
もスライスのほうが
時短になります！

ハンバーグ

🍴 材料 (2人分)

牛豚合いびき肉	500g	卵	2個
玉ねぎ	2個	塩	小さじ 1/3
		ナツメグ	少々
A		ブラックペッパー	少々
パン粉	大さじ 3	ゼラチン粉	小さじ 2
牛乳	大さじ 3	サラダ油	適量
コンソメ顆粒	小さじ 2	バター	50g
ラード	大さじ 2	にんにく	1片
味噌	大さじ 1		

焦げないように水を加えながらペースト状になるまで炒める。

1　玉ねぎは薄切りにする。

2　フライパンにサラダ油を熱し、玉ねぎを入れる。塩（分量外）をふり、適宜水（分量外）を加えながら飴色のペースト状になるまで炒める a 。玉ねぎをフライパンから取り出す。あら熱を取り、ラップをして冷蔵庫に入れる。

3　ボウルに A を加え、全体を混ぜる。さらに 2 の玉ねぎと卵を加えてよく混ぜる。

手の温度でタネの脂が溶けてしまうため、冷やしながら素早く混ぜる。

4　牛豚合いびき肉、塩、ブラックペッパー、ナツメグ、ゼラチン粉を加え、氷を入れて冷やしながらヘラでこねる b 。

5　毛羽立つまでしっかりとこねる c 。氷を取り出し、ハンバーグのタネを成形する。

粘り気が出て、表面がしっかり毛羽立つようにする。

6　フライパンにバターを熱し、つぶしたにんにくを入れて炒める。香りが立ったら、 5 のハンバーグを入れ、溶けたバターをハンバーグに回しかけて焼き、フライパンに接していない面まで火を通す d 。

7　焼き目がついたらひっくり返し、水 50mL（分量外）を入れて、蓋をして約 5 分蒸し焼きにする。

8　器に盛り、お好みでつけ合わせの野菜やソースを添える。

フライパンを傷つけない木製スプーンがおすすめ。

とっくんのひと手間

☑ みじん切りの玉ねぎではなく飴色玉ねぎを混ぜ込むことで、ハンバーグが割れにくくなり肉汁の漏れを防ぎます。

煮込み
ハンバーグ

「みかん」がふわりと香る
おばあちゃん直伝のレシピ

🍴 材料 （2人分）

牛豚合いびき肉	500g	卵	2 個
玉ねぎ	2 個	塩	小さじ 1/3
		ブラックペッパー	少々
A		ナツメグ	少々
パン粉	大さじ 3	ゼラチン粉	小さじ 2
牛乳	大さじ 3	みかんジュース	300mL
コンソメ顆粒	小さじ 2	ケチャップ	60mL
ラード	大さじ 2	生クリーム	適量
味噌	大さじ 1	サラダ油	適量
		パセリ	適量

1 玉ねぎは薄切りにする。

2 フライパンにサラダ油を熱し、玉ねぎを入れる。塩（分量外）をふり、飴色のペースト状になるまで炒める。玉ねぎをフライパンから取り出す。あら熱を取り、ラップをして冷蔵庫に入れる。

3 ボウルに A を加え、全体を混ぜる。さらに 2 の玉ねぎと卵を加えてよく混ぜる。

4 牛豚合いびき肉と塩を加えたら、氷を入れて冷やしながらヘラで混ぜる。

5 毛羽立つまでこねたら氷を取り出して、ブラックペッパー、ナツメグ、ゼラチン粉を加えてよくこねる。ハンバーグのタネを成形する。タネの中央を指で押してくぼみを作る。

6 フライパンにサラダ油を熱し、5 のハンバーグを入れて焼く。

7 焼き目がついたらひっくり返し、みかんジュースとケチャップを加える。蓋をして約 10 分煮込む。

8 器に盛り生クリームを垂らして、パセリをふる。お好みでつけ合わせの野菜を添える。

手に油を塗ってタネの表面をコーティングすることで、焼いているときに割れにくくなる。

両面に焼き色をつける。煮込むので中心まで火が通っていなくても OK。

煮汁ごと冷蔵庫で一晩寝かせるとさらに味が染み込む。

とっくんのひと手間

☑ オレンジジュースではなく、必ず「みかんジュース（果汁 100%）」で煮込みましょう。みかん特有の酸味がハンバーグのおいしさを引き立てます。

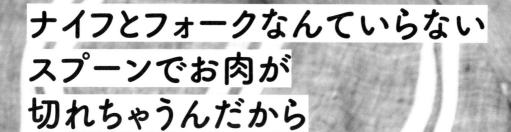

ナイフとフォークなんていらない
スプーンでお肉が
切れちゃうんだから

ビーフ
シチュー

トロトロの玉ねぎに甘いにんじん、ホクホクのじゃがいもとすべてが完璧。

小麦粉をまぶすことで肉汁が流出するのを防ぐ。

🍴 材料 （2人分）

牛バラ肉	300g	水	300mL
塩、こしょう	各少々	赤ワイン	100mL
じゃがいも	1個	デミグラス缶	1缶
にんじん	1/2本	ケチャップ	大さじ1
玉ねぎ	1個	サラダ油	適量
バター	15g	小麦粉	適量

1 牛バラ肉に塩、こしょうで下味をつけ、小麦粉をまぶす a 。

2 じゃがいもは皮を剥き、8等分に切って水にさらす。にんじんは乱切り、玉ねぎはくし切りにする。

3 フライパンにサラダ油を熱して玉ねぎを入れ、塩を少々（分量外）ふってから炒める。玉ねぎが透明になってきたら、にんじんを加えて炒める。火が通ったら別の鍋に移す。

4 そのままのフライパンにバターを熱し、牛バラ肉を焼く b 。両面に焼き目がついたら、玉ねぎ、にんじんを入れた鍋に移す。

5 そのままのフライパンに水を入れてこそいだら c 、4の鍋に注ぐ。

6 鍋に赤ワインを入れて火をつけ、沸騰したら弱火にし、蓋をして約2時間煮込む。

7 デミグラス缶を入れ、全体を混ぜる d 。じゃがいもとケチャップを入れる。

8 じゃがいもに火が通ったら、器に盛る。お好みで野菜やバゲットを添える。

バターを焦がさないように牛バラ肉に焼き目をつける。

牛肉の油や旨みのエキスをこそいで水に溶かすイメージ。

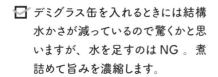

とっくんのひと手間

☑ デミグラス缶を入れるときには結構水かさが減っているので驚くかと思いますが、水を足すのはNG。煮詰めて旨みを濃縮します。

割引になった
かたい肉も
玉ねぎの酵素で
やわらかくなるの

シャリアピン
ステーキ

🍴 材料 (2人分)

玉ねぎ	1個
オリーブオイル	大さじ1
牛ヒレ肉（ステーキ用）	400g
塩	小さじ1/2
ブラックペッパー	適量

1 玉ねぎの半分はすりおろし、こして身と汁に分ける。残りはみじん切りにする。

2 牛ヒレ肉の筋を切り、包丁の背全体でしっかりたたく。

3 バットに入れて玉ねぎの汁を注いだら、落としラップをして冷蔵庫で約1時間漬け込む。

4 フライパンにオリーブオイルを熱し、牛ヒレ肉の両面を焼く。表面に焼き目がついたらフライパンから取り出す。

5 そのままのフライパンでみじん切りにした玉ねぎとすりおろした玉ねぎを炒める。塩とブラックペッパーをふり、シャリアピンソースを作る。

6 4 を器に盛り、5 をかける。お好みでつけ合わせの野菜を添える。

すりおろした玉ねぎの酵素で肉をやわらかくする。

包丁の重さだけでたたくと手が疲れにくい。

肉を焼いたフライパンを使ってソースを作れば、洗い物を少なくしつつ肉の旨みを無駄なく味わえる！

ラップをぴったりはり、漬け汁に密着させる。

フライパンについた肉の旨みを吸わせる。

とっくんのひと手間

☑ 肉をたたくときは、包丁の全体を使って着古したバンドTシャツのようにクタクタになるまでたたくのがコツです。

ローストビーフ

赤色でもなく
茶色でもなく……
見事なまでのセクシーな
ピンク色の断面！

ローストビーフは、最後に切れ味のいい包丁で薄く切るのが大事！

a

🍴材料（2人分）

牛ブロック肉……………………………………270g
塩、こしょう……………………………………各少々
オリーブオイル…………………………………適量
熱湯…………………………………………500mL

A

しょうゆ…………………………………………大さじ1
みりん……………………………………………大さじ1
にんにく（すりおろしたもの）………………2片分
白だし……………………………………………小さじ1

肉がつぶれないようにしながら、しっかり巻いて密閉する。

b

1 牛ブロック肉の表面にオリーブオイル（分量外）を塗り、塩、こしょうで下味をつけて室温に戻す。

2 フライパンにオリーブオイルを熱し、1の表面全体に焼き目をつける a 。

3 アルミホイルを巻き、その上にラップを巻く。さらに保存袋に入れ、空気を抜く b 。

4 保温状態の炊飯器に熱湯を入れ、40分火入れする c 。

c

5 2のフライパンにAを入れ、ひと煮立ちさせてタレを作る。

6 4に火が通ったらあら熱を取り、冷蔵庫で約40分冷やす。

7 包丁で薄く切り d 、器に盛る。5のタレを添える。

とっくんのひと手間

☑ お肉は全面に満遍なく焼き色がつけられるように、表面や切り口がなるべく平らなものを選んでください。

しっかり冷蔵庫で冷やすことで、薄く切りやすくなる。

d

大葉巻き

すき焼き風に仕上げて
優勝していくわよ

崩れないように
しっかりきつめに
巻いていく。

🍴 材料 （2人分）

豚バラスライス……………………300g
大葉…………………………………10枚
片栗粉………………………………大さじ3
長ねぎ………………1/2本（白い部分）

A
　料理酒……………………………大さじ2
　みりん……………………………大さじ2
　しょうゆ…………………………大さじ2
　砂糖………………………………大さじ2

サラダ油……………………………適量
卵……………………………………1個

1 長ねぎは中央に切り込みを入れて開き、芯を取り除く。残った白い部分を繊維に沿って端からごく細く切る。水に約10分さらして水気を切って、白髪ねぎにする。

2 豚バラスライスに片栗粉をまぶし、広げて並べる。大葉を等間隔にのせ、端からきつめに巻いていく❹。

3 フライパンにサラダ油を熱する。2の巻き終わりを下にして入れ、転がしながら表面を焼き固めていく❺。

4 全体に焼き色がついたら、取り出して1cm幅に輪切りにする❻。

5 4をフライパンに戻し、Aを加えてひと煮立ちさせる❼。

6 器に盛り、白髪ねぎをのせる。卵を割りほぐし、別皿に入れて添える。

形が崩れないように
きれいに並べる。

とっくんのひと手間

☑ 冷蔵庫に余っているお野菜はなんでも豚バラ肉に巻いてしまえばおいしくいただけます。

逆ロールキャベツ

お肉でキャベツを巻く……
我ながら、
いいレシピだ……！

🍴 材料 (2人分)

豚バラスライス	300g
キャベツ	1/4 玉
片栗粉	大さじ 3
にんにく	1 片
塩、こしょう	少々
トマト缶	1 缶

A

コンソメ顆粒	小さじ 1
塩	ひとつまみ
ブラックペッパー	適量
ウスターソース	大さじ 1
砂糖	大さじ 1
ケチャップ	大さじ 1

サラダ油	適量
オリーブオイル	適量
ドライパセリ	適量
粉チーズ	適量

巻き終わりを下にして焼くと、形が崩れにくくなる。

1 キャベツはせん切りにし、にんにくはみじん切りにする。

2 豚バラスライスに片栗粉をまぶし、広げて並べる。せん切りにしたキャベツをのせ、端からきつめに巻いていく。

3 フライパンにサラダ油を熱し、巻き終わりを下にして焼く。

4 表面を焼き固めたら取り出して、あら熱を取って輪切りにする**b**。

5 そのままのフライパンに、オリーブオイルとにんにくを入れてから火をつけて炒める。

6 4 の断面を下にしてフライパンに並べ、両断面に焼き目をつける。

7 トマト缶と **A** を加え、塩、こしょうをふる。 弱火で 15分煮込む**c**。

8 器に盛り、ドライパセリと粉チーズを散らす。

とっくんのひと手間

☑ キャベツでお肉を巻くのではなく、お肉でキャベツを巻くレシピ。形が崩れないようにしっかりと表面を焼き固めてください。

アスパラ巻き

これはまるで食べられる魔法の杖
味は魔法のように美味で、
作るのも魔法のように簡単なのだ

マヨネーズもケチャップも、
オーロラソースも合う！

🍴 材料（2人分）

アスパラガス	8 本
豚バラスライス	8 枚
片栗粉	大さじ 3
塩、こしょう	各少々
ケチャップ	適量
マヨネーズ	適量
サラダ油	適量

1 アスパラガスは根元を切り落とし、皮を剥く。

2 ラップで包み、電子レンジ（600w）で約 1 分加熱する a。

3 豚バラスライスに片栗粉をまぶし、広げて並べる。アスパラガスに豚バラスライスをきつく巻いていく b。

4 フライパンにサラダ油を熱し、3 の巻き終わりを下にして入れる。塩、こしょうをふり、全面を焼き固める c。

5 豚バラスライスに火が通ったら、器に盛る。ケチャップとマヨネーズを添える。

a

1 本ずつしっかりと巻いていくのがコツ。

b

c

とっくんのひと手間

☑ アスパラガスはゆでると栄養素などが溶け出てしまうので、電子レンジ加熱がおすすめ。芯は残りつつも、鮮やかな緑色になるくらいがベストです。

ジーパイ

この金色の衣スーツの
鶏むね肉……
いかがかしら？

台湾屋台の人気メニューである、鶏むね肉を1枚丸ごと使ったスパイシーな唐揚げ。

背まで切り分けてしまわないように注意。

a

材料（2人分）

鶏むね肉	2枚（500g）
片栗粉	大さじ2
サラダ油	適量

A

にんにく（すりおろしたもの）	1片分
しょうが（すりおろしたもの）	1片分
ハチミツ	大さじ2
料理酒	大さじ3
みりん	大さじ3
しょうゆ	大さじ3
カレー粉	大さじ2

b

1 鶏むね肉は切れ込みを入れ a 、ハート型に開く b 。

2 ボウルに鶏むね肉を入れ、**A** を加えて漬ける。落としラップをして常温で30分置く。

3 キッチンペーパーで水気を拭き取り、片栗粉をまぶす。

4 フライパンに浸るくらいのサラダ油を入れて熱し、**3** を入れて揚げ焼きにする c 。

5 余熱で火を通しながら油を切って d 、器に盛る。

c

ハチミツを入れていると焦げやすいので火が通ったらすぐに油から上げ、余熱で火を通す。

d

とっくんのひと手間

☑ 通常は五香粉を使いますが、カレー粉を使って手軽さアップ。フライパンで揚げ焼きにすることで、油も少なく済みます。

ジャークさがない
純粋な気持ちで
作れちゃう

ジャークチキン

バーベキューやキャンプに下ごしらえをしたチキンを持って行けばモテモテです！

🍴材料（4人分）

鶏もも肉	2kg
サラダ油	適量

A

クミン	大さじ3
タイム	大さじ3
砂糖	大さじ4
ジャークシーズニング	大さじ2
ブラックペッパー	大さじ2
ナツメグ	大さじ2
しょうゆ	大さじ2
にんにく（すりおろしたもの）	6片分
ジン	大さじ5

ライム	1/2個

1 鶏もも肉はひと口大に切る。

2 ボウルに鶏もも肉と A を入れてよく揉み込み、ライムを絞る a 。

3 ライムの皮も細かく切って加える b 。ラップをかけて冷蔵庫に入れて一晩置く。

4 ライムの皮を取り出す。フライパンにサラダ油を熱し、両面を焼く c 。

ライムは手でぎゅっと絞る。

a

皮ごと入れることで香りと風味がしっかり移る。

b

軽く焦げ目がつくくらい、しっかり焼く。

c

とっくんのひと手間

☑ ライムがあるのとないのとでは大違いなので必ず入れてください。余った残り半分のライムは瓶ビールにさしてオシャレに。

カオマンガイ

**鶏肉とにんにくの
旨みたっぷりのライスも最高**

存在感のあるソースと
あっさりとした鶏むね
肉の相性は抜群ね。

🍴材料 (2人分)

		A		
鶏むね肉	300g	味噌	大さじ1	
にんにく	2片	砂糖	大さじ1	
生米	2合	しょうゆ	大さじ1	
ブロッコリー	1/4房	レモン汁	小さじ1	
ねぎの頭	1本分	しょうが(すりおろしたもの)	1/3片分	
		にんにく(すりおろしたもの)	1片分	
		サラダ油	適量	

1 にんにくはつぶす。生米は洗い、水気を切る。

2 フライパンにサラダ油を熱し、鶏むね肉の皮目を下にして入れる。上にクッキングペーパーをのせ、水の入った小鍋で重しをのせる❶。皮に焼き目がつくまで焼く❷。

皮目のきれいな焼き目も、食欲をそそる重要なポイント。

3 ブロッコリーを塩ゆでし、水気を切る。

4 鍋に水500mL(分量外)を注ぎ、ねぎの頭の青い部分とつぶしたにんにく1片分を加えて火をつける。

5 4に鶏むね肉を入れて約10分ゆでる。

6 2のフライパンに残った鶏肉の油に、残りのにんにくを入れて弱火で炒める。

ゆで汁で炊くことで、鶏とにんにくの旨みを米に吸わせる。

7 生米をフライパンに入れ、鍋のゆで汁2合分をフライパンに加えて炊く❸。

8 鶏むね肉を取り出して1cm幅に切る❹。

9 器に7と8を盛り、Aを混ぜて作ったタレを回しかける。ブロッコリーを添える。

とっくんのひと手間

☑ 鶏むね肉に重しをすることで焼き色がきれいになるだけでなく、脂もしっかりと抽出されます。

とっくんの ビールめし Select10

白米の相棒レシピ編

白米と最強のおかず、そしてビール！今夜の晩酌はこれで決まり！

唐揚げにはハイボールって誰が決めたの？ 唐揚げにもビールです（大声）。合いますから！

王道唐揚げ p.52

1

竜田揚げ p.54

大きめの竜田揚げにかぶりつきながら、ゴクゴクビールを飲む幸せたるや……。

2

軟骨唐揚げ p.56

3

おうち居酒屋をしたいなら間違いなくコレ。搾ったレモンの皮はジョッキにぶち込みなさい！

1粒で1缶開けられます。噛めば噛むほどビールが欲しくなる不思議な唐揚げです。

4

砂肝の唐揚げ p.57

シャリアピンステーキ p.64

6

5

ジーパイ p.74

カレー粉の絶妙な風味のせいで、ビールの爽快感を求めずにはいられないッ!

シャリアピンソースを肴にビールが飲めます。ステーキは嬉しすぎるおまけです。

ローストビーフ p.66

7

合わないわけがない。強めのクラフトビールとペアリングして贅沢にいきましょう。

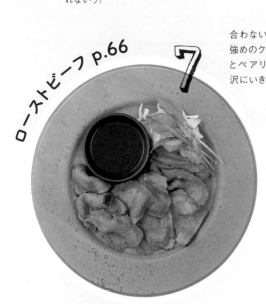

8

本当に我慢できない人は、照り焼きの味付けをせず、塩こしょうだけでもいけるわよ。

大葉巻き p.68

アスパラ巻き p.72

1本で、1缶行けちゃう。シンプルな塩こしょうの味つけがビールに合いすぎる。

最高の一言。むしろビール好きはこのレシピを暗唱して。余ったライムはビールに絞れば無敵。

ジャークチキン p.76

9

10

とっくん流 唐揚げの作り方

唐揚げに衣をつけるとき、ボウルやトレイに
鶏肉と片栗粉や小麦粉を入れてまぶす方もいるでしょう。
でも、実はぼくはちょっと違うやり方をしています。

① ポリ袋に鶏肉と 片栗粉を入れる

調味液に漬けた鶏肉の汁気を
取ってからポリ袋に入れ、片栗
粉または小麦粉を入れます。

② 空気を入れて 膨らませる

ポリ袋に息を吹き込んで、風船
のようにパンパンになるまで膨ら
ませてください。

\POINT/

まずはひと口大に切った鶏肉に
調味液をしっかり揉み込んでおき
ます。

\POINT/

空気を入れて風船のような状態
にし、口をしっかり締めてください。

キムチの空箱

キムチを食べ終わったら、空箱はすぐに捨てずに唐揚げ作りに活用してみてください。キムチの空箱に鶏肉と調味液を入れて、一晩漬けるだけ。キムチの残り汁のピリ辛な味つけになるだけでなく、乳酸菌の力で肉をやわらかくしてくれるんです。

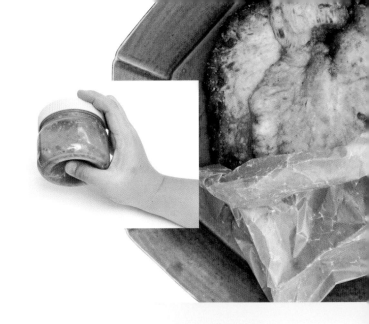

③ 袋をブンブン
シャカシャカ振り回す

袋を持って振り回します。袋の中で鶏肉を転がして、粉を絡めとっていく感じです。

④ 片栗粉をまぶした
鶏肉を取り出す

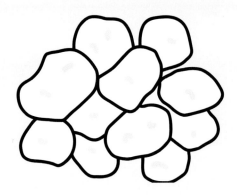

鶏肉にムラなく均一に片栗粉をまぶすことができました。熱した油に入れてカラッと揚げます。

Let's Try!

アレンジ料理 ＞ ローストビーフで
お店ごはん

ローストビーフ（p.66）のレシピは
単体で食べてもおいしいですが、
ほかの料理にアレンジすることで楽しみ方がもっと増えるんです。
ローストビーフ丼や肉寿司にすることで、
お店のような食事が自宅でも味わえます。

\ とっくん流 /

Arrange Recipe

ローストビーフ丼

丼にご飯を盛ったら、薄く切った
ローストビーフを好きなだけのせま
す。生卵をのせてタレをかければ
完成です。お好みですりおろした
玉ねぎを加えてもおいしいですよ。

\ POINT /

① お店で食べるとなかなかなお値段のメニューも、家で作れば
安い・簡単・たくさん食べられる……でコスパ最強です。

② ローストビーフは食前まで冷蔵庫で休ませます。
キンキンに冷やすことで切るときに肉汁が流れ出るのを防ぎます。

③ 1枚1枚、丁寧に包丁を引くようにして切ります。
薄ければ薄いほどよいです。包丁の切れ味は要チェック。

肉寿司

炊き立てのご飯に酢を加えてよく
混ぜて酢飯を作ります。酢飯を手
に取り、薄く切ったローストビーフ
をにぎります。仕上げにわさびを
のせます。お好みでしょうゆをつ
けていただきます。

もっと教えてとっくん流
Q&A

飴色玉ねぎを作るときのポイントを教えてください。

玉ねぎはみじん切りにするよりも、薄切りにするほうがおすすめです。はやくてラクですし、スライサーを使えばもっとラク。そして塩をひとふりして、浸透圧で水分を出してから炒めます。玉ねぎを炒めるときに、弱火でじっくりという人もいますが、ぼくは中火でガンガン炒める派です。ただ、玉ねぎが焦げてしまわないように、乾いたと思ったらそのたびに水を追加しながら、ペーストになるまで炒めます。そのほうがはやく仕上がりますよ。

ハンバーグをうまくひっくり返すことができません。

タネを小さくして、小判形よりも少し細長い形に成形するとひっくり返しやすくなります。ヘラにのせてフライパンのふちを使って回してください。大きなハンバーグも魅力的ですが、ひっくり返すのに失敗して割れてしまうと、おいしい肉汁や脂が漏れてしまいます。また、表面に玉ねぎが出ているとそこからひび割れてしまうことがあるので、そうならないように凹凸が一切ないツルツルの表面にしたり、飴色玉ねぎを使ったりします。

なぜハンバーグのタネに粉ゼラチンを入れるのですか?

ゼラチンには保水性があるので、タネに混ぜてこねることでひき肉の肉汁や脂を閉じ込めてくれる効果があります。そのため、焼いているときに肉汁がフライパンに漏れることなく、食べるときにスープくらい肉汁があふれるハンバーグに仕上がります。ゼラチンを入れるのと入れないのとでは本当に違うので、肉団子や餃子などの「ひき肉をこねて丸める系」の料理にはぜひ使ってほしいです。いや、絶対に、ですね!

ハンバーグの中が生焼けになってしまいます。

タネは厚さが均一になるように成形しているかチェックして、タネの中央を凹ませます。火が強いと表面が焦げてしまうので、弱火でじっくり火を入れましょう。レシピ内でも解説していますが、溶かしたバターを回しかけることでフライパンに接していない部分にも熱を入れることができます。冷蔵庫で寝かせていたタネの場合は、先に室温に戻してから焼いてください。煮込みハンバーグなら生焼けの心配がないので、大きなタネで作ってもOK。

Part3

週末贅沢レシピ

お休みの日は少し時間をかけた
料理で優雅に優勝します。
といっても、手間暇は
あまりかからないレシピなので、
手軽にサクッと作ってみてください。

肉料理

牛すじ煮込み
（しょうゆ味・味噌味・塩味）

最後の仕上げを
変えるだけで
3種類の味が楽しめる！

プルプルな牛すじと、じゅわりと溶け出す旨みがたまらない！

握るようにしっかりと揉み込む。

a

b

材料（2人分）

牛すじ	1kg		**B（味噌味）**	
大根	1本		砂糖	大さじ2
にんじん	2本		味噌	大さじ2
水	1,000mL			
みりん	50mL		**C（塩味）**	
料理酒	50mL		塩	大さじ1
			砂糖	大さじ2
A（しょうゆ味）			白だし	大さじ2
しょうゆ	大さじ1			
砂糖	大さじ2			

1 にんじんは乱切りにする。大根は皮を剥き、いちょう切りにする。牛すじは適当な大きさに切り、塩（分量外）を揉み込む。

2 みりんと料理酒は火にかけてアルコールを飛ばす。

3 牛すじと大根を15分下ゆでしてから取り出す。牛すじに塩（分量外）をふる。

4 圧力鍋に水と牛すじを入れ、加圧状態にして30分煮込む。

5 圧力鍋の蓋を外し、2とにんじんを入れて10分煮込む。大根を加える。

6 A（しょうゆ味）、B（味噌味）、C（塩味）から、お好みの味の調味料を入れて、火を止める。

7 冷まして味を染み込ませる。食べる直前に温め直す。

しょうゆ味

味噌味

塩味

とっくんのひと手間

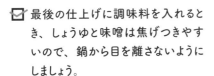

☑ 最後の仕上げに調味料を入れるとき、しょうゆと味噌は焦げつきやすいので、鍋から目を離さないようにしましょう。

ラーメン屋で見かける
芸術的な「の」の字
あなたも食べてみたくない?

チャーシュー

🍴 材料（4人分）

豚バラブロック	1kg
ねぎの頭の青い部分	1本分
しょうが（スライス）	5枚
みりん	50mL
料理酒	50mL
しょうゆ	50mL
砂糖	大さじ3

肉はできるだけ
平らな塊を選ぶと
巻きやすい。

1 豚バラブロックは巻きやすい形に切る。白い脂身が外側になるようにタコ糸で「の」の字に縛り上げる **a**。

2 油を引かないままフライパンを熱し、豚バラブロックの各表面に焼き目をつける **b**。

3 鍋にしょうがとねぎの頭の青い部分、豚バラブロックを入れ、かぶるくらいの水（分量外）を入れ、弱火で3時間煮込む。

4 料理酒とみりんを火にかけてアルコールを飛ばし、しょうゆと砂糖を入れて漬けダレを作る。

5 保存袋に豚バラブロックを入れて4を注ぎ、冷蔵庫で半日寝かせる **c**。

6 食べるときに好みの厚さに切る。あればガスバーナーで表面を軽く炙ると香ばしくなる **d**。

a

b

c

食べる直前に冷蔵庫から取り出し、冷えた状態で切ると身崩れしにくい。

d

そのままでも問題ないが、炙るとより
GOOD。

とっくんのひと手間

☑ タコ糸でうまく「の」の字に巻けないときは、煮崩れするほど煮込まなければ無理して巻かなくても大丈夫！

お肉の旨みも
噛み締める
ジューシーさ！

豚の角煮

野菜の下ゆでって必要なのかなと思うことがあります。でも大根だけはガチで大切！（個人談）

🍴 材料（4人分）

豚バラブロック ……………………………1kg
ねぎの頭の青い部分 ……………… 1 本分
しょうが（スライス）……………… 5 枚
大根 ……………………………………1/2 本
卵 ………………………………………6 個
片栗粉 …………………………………適量

A
　水 ……………………………………1L
　しょうゆ……………………………150mL
　料理酒……………………………150mL
　砂糖…………………………ひとつかみ

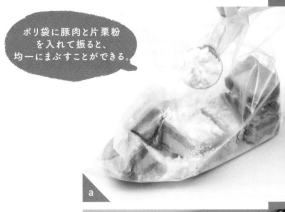

ポリ袋に豚肉と片栗粉を入れて振ると、均一にまぶすことができる。

1 豚バラブロックは 5cm 角に切る。 大根は輪切りにして皮を剥く。

2 豚バラブロックに片栗粉をまぶす ⓐ。 フライパンに油を引かないまま熱し、 各表面に焼き目をつける ⓑ。

3 鍋に豚バラブロック、 ねぎの頭の青い部分、 しょうがスライスを加え、 かぶるくらいの水を注いで下ゆでをする ⓒ。

4 別鍋で大根を約 20 分下ゆでする。 大根を取り出し、 卵を入れて 6 分半ゆでる。

5 ゆでた卵は冷水につけ、 流水を当てながら殻を剥く。

6 鍋に豚バラブロック、 大根、 ゆで卵を入れて A を注ぐ。 クッキングペーパーで落とし蓋をし、 弱火で 2 時間煮込む ⓓ。

7 あら熱を取り、 冷蔵庫で半日寝かせて味を染み込ませる。

8 食べる直前に温め直し、 器に盛る。

片栗粉をまぶして表面を焼き固めることで煮崩れ防止になる。

下ゆですることで脂っこさがなくなり、 プルプルに。

落とし蓋をすることで汁に漬かっていない部分の乾燥防止になる。

とっくんのひと手間

☑ お肉選びも重要なポイント。 脂身と赤身が交互にバランスよく入っている肉を探しましょう。

乱立する
数多のレシピのなかで、
これが吾輩が思う
最良のレシピ！

韓国風
味つけ卵

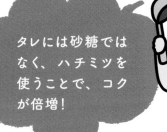

タレには砂糖では
なく、ハチミツを
使うことで、コク
が倍増！

材料（4人分）

卵 …………………………………… 6 個
長ねぎ ……………………………… 1/2 本
唐辛子 ……………………………… 2 本
白ごま ……………………………… 大さじ 3

A
濃口しょうゆ ……………………… 100mL
水 …………………………………… 100mL
ハチミツ …………………………… 大さじ 5
八角 ………………………………… 1 個
背脂（市販品）…………………… 大さじ 1

1 長ねぎはみじん切りにする。唐辛子は水につけてや
わらかくする。種を取り出し 、輪切りにする。

2 1 と A を混ぜ合わせる。

3 フライパンを熱し、白ごまを軽く炒る b 。

4 鍋に水（分量外）を注いで沸騰させ、卵を 6 分半ゆ
でる c 。氷水で冷やしながら卵の殻を剥く。

5 器に 2 とゆで卵を入れ、3 の白ごまをふる。落としラッ
プをして冷蔵庫で半日漬け込む d 。

ごまが焦げないように
弱火で常にかき混ぜる。

ゆでた卵を氷水に
つけることで中身が縮み、
トゥルンと剥ける。

落としラップをすることで、
少ない漬け汁でも
しっかり漬かる。

とっくんのひと手間

☑ 簡単なレシピですが、ポイントは八
角を入れるところ。甘くてスパイシー
な風味がたまりません。

うずらの
味玉

うずらの卵を
麺つゆに漬けるだけで
あらやだおいしそう!

🍴材料 （4人分）

うずらの卵 ································30個
麺つゆ（市販品）·····················適量
にんにく（スライス）················1片分
白ごま ··································適量
きざみねぎ ······························適量

1 鍋に水（分量外）を注いで沸騰させ、うずらの卵を10分ゆでる❶。

2 うずらの卵を水を入れたコンテナに入れて、ふってヒビを入れる。ヒビが入ったところから殻を剥く❷。

3 保存容器にうずらの卵とにんにくを入れる。

4 うずらの卵がかぶるくらいまで麺つゆを注ぎ、冷蔵庫で半日漬け込む❸。

5 器に盛り、白ごまときざみねぎをふる❹。

めいっぱい食べるうずらの味玉に合う飲み物、分かりますよね？

鶏の卵より小さいので、ゆで時間が短く、一度にたくさんゆでられる。
a

皮にヒビが入り、ズルッと剥けるようになる。
b

うずらの卵はできるだけ重ならないように平らにならす。
c

しっかり冷やした味玉に、お好みの薬味をかける。

d

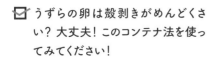

とっくんのひと手間

☑ うずらの卵は殻剥きがめんどくさい？ 大丈夫！ このコンテナ法を使ってみてください！

卵黄の
しょうゆ漬け

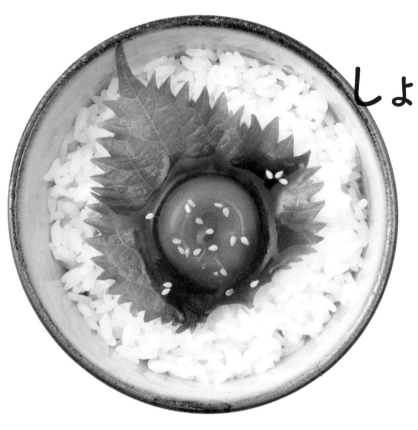

🍴材料（6個分）

卵黄	6個分
みりん	50mL
しょうゆ	150mL
砂糖	大さじ1

A

唐辛子	1本
八角	1個
にんにく	1片
しょうが（スライス）	1枚

1 みりんを火にかけてアルコールを飛ばし、しょうゆと砂糖を加えてタレを作る。

2 あら熱が取れたらAを加え、卵黄が崩れないように入れる🅐。

3 冷蔵庫で漬け込み、卵黄が固まったらスプーンなどでひっくり返して反対側も漬ける🅑。

4 冷蔵庫に戻して半日ほど漬け込む🅒。

5 お好みで器にご飯を盛り、大葉を敷いて4をのせる。白ごまをふる。

卵黄をひっくり返すことで、短時間で漬かる。

味がめちゃくちゃ濃厚なので、ご飯にも酒の肴にもピッタリ!

卵の漬かり具合もお好みで、3〜4時間ほどである程度固まる。

白い
だし巻き卵

とくにマヨネーズが
溶けにくいので、
しっかりと混ぜる。

a

b

半熟ぎみで巻いていき、
余熱で焼き固めると
ふんわりと仕上がる。

ここまで卵黄ばか
りを使って余った
卵白……で作っ
ていく！

材料 (2人分)

卵白	6個分	砂糖	小さじ2
マヨネーズ	大さじ1	サラダ油	適量
旨口しょうゆ	小さじ1		
白だし	小さじ1		

1 ボウルにサラダ油以外の材料をすべて入れる。よく
混ぜて卵液を作る**a**。

2 フライパンにサラダ油を熱し、卵液を1/3の量入れ
て焼く。

3 残りの卵液を2〜3回ほどに分けて注ぎながら、焼
いて巻いていく。

4 形を調えたら、余熱で火を通す**b**。

5 あら熱を取る。食べやすい大きさに切り分ける。

6 器に盛り、お好みでマヨネーズを添える。

とっくんのひと手間

☑ 卵黄がない分のコクは、マヨネーズ
で補完。あとは一般的なだし巻き卵
と同じです。

ごまかんぱち

甘辛いごまダレとかんぱちの相性は最高!

🍴材料（2人分）

かんぱち	1柵（200g）
水	300mL
塩	小さじ1
料理酒	大さじ1
みりん	大さじ1

A
砂糖	小さじ2
しょうゆ	大さじ1
練りごま	大さじ1
すりごま	大さじ1

大葉	2枚
きざみ海苔	適量
きざみねぎ	適量

1 ボウルに水と塩を入れる。かんぱちを柵のまま入れて洗い、水気をよく拭き取る。

2 キッチンペーパーとラップに包み、冷蔵庫で半日寝かせる。

3 柵をそぎ切りにするa。

刺身は斜めに寝かせた刃で薄く切る「そぎ切り」にするのがおすすめ。

4 料理酒とみりんを火にかけてアルコールを飛ばしb、Aに加えてタレを作る。

5 ボウルにタレとかんぱちを入れ、冷蔵庫で半日漬け込むc。

6 器に大葉を敷き、5を盛る。きざみ海苔ときざみねぎを散らす。

量が少ない場合は、電子レンジ加熱で飛ばしてもOK。

わさびじょうゆを加えれば味変も楽しめます！

とっくんのひと手間

☑ かんぱちをそぎ切りにするときは、切り始めを斜めにし、切り終わりをまな板に対して垂直に立てるようにするのがコツです。

c

味の染みたサーモンと
卵黄が混ざり合って
最高潮のパレードって感じね

漬けサーモン

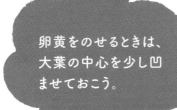

卵黄をのせるときは、大葉の中心を少し凹ませておこう。

🍴 材料（2人分）

		A	
ご飯	200g	麺つゆ（2倍濃縮）	大さじ3
サーモン	1柵（200g）	ごま油	大さじ1
水	300mL	しょうが（すりおろしたもの）	1片分
塩	小さじ1		
		大葉	2枚
		卵黄	2個分

1 ボウルに水と塩を入れる。サーモンを柵のまま入れて洗い、水気をよく拭き取る。

2 柵をキッチンペーパーとラップに包み、冷蔵庫で半日寝かせる 。

3 柵をそぎ切りにする b。

4 Aを合わせて作ったタレにサーモンと大葉を漬け、冷蔵庫で半日漬け込む c。

5 器に炊いたご飯と4をのせる。仕上げに卵黄をのせる。

塩水で洗った身から水分を出しつつ、クッキングペーパーとラップで乾燥を防ぐ。

a

筋にそって、身が崩れないようにそぎ切りにする。

b

とっくんのひと手間

☑ サーモンは身が裂けやすいので、1と2の工程で身をしっかり引き締めましょう。

c

まぐろユッケ

こんなおいしそうなの
食べたら意識
ぶっ飛んじゃうわね

添え物は玉ねぎのほかにきゅうりがあってもいいかもね。

🍴 材料 （2人分）

まぐろ ······························ 1 柵（200g）
水 ·································· 300mL
塩 ·································· 小さじ 1
玉ねぎ ······························ 1 個

A
　しょうゆ ························· 大さじ 1
　ごま油 ··························· 大さじ 1
　コチュジャン ····················· 小さじ 1
　料理酒 ··························· 大さじ 1
　砂糖 ····························· 大さじ 1

大葉 ································ 2 枚
卵黄 ································ 2 個分

そぎ切りにした身を、さらに半分に切る。

タレとよく絡むように細切りにする。

1 ボウルに水と塩を入れる。まぐろを柵のまま入れて洗い、水気をよく拭き取る。

2 柵をキッチンペーパーとラップに包んで半日寝かせる。

3 玉ねぎは薄切りにする。

4 まぐろの柵はそぎ切りにし、さらに細切りにする ⓐⓑ。

5 A を合わせて作ったタレにまぐろを漬け、落としラップをし、冷蔵庫で半日漬け込む ⓒ。

6 器にまぐろと玉ねぎ、大葉を盛り、卵黄をのせる。

とっくんのひと手間

☑ まぐろはそぎ切りのままでもいいですが、もうひと手間かけて細切りにしたほうがよりタレや卵黄と絡みます。

寝かせなくても食べられるが、寝かせたほうがさらに味が染み込む。

せん切り漬け

異なる太さにせん切りにした
きゅうりとにんじんが奏でる
食感のハーモニー

🍴 材料 （2人分）

きゅうり	1本
にんじん	1/2本
塩	小さじ1
みりん	大さじ2
砂糖	大さじ2
しょうゆ	大さじ2
酢	小さじ2
塩こんぶ	ひとつまみ
大葉	5枚
白ごま	ひとつまみ

1 きゅうり、大葉はせん切りにする。

2 にんじんは桂剥きにして帯状にし、重ねてせん切りにする。

3 きゅうりは塩揉みして、キッチンペーパーで水分を絞る。

4 みりんのアルコールをフライパンで火にかけて飛ばし、砂糖としょうゆ、酢を加えて混ぜてタレを作る。

5 タレのあら熱が取れたら、塩こんぶ、大葉、白ごまを加える。

6 ボウルににんじんときゅうりを入れ、**5**を加える。全体を混ぜ合わせて冷蔵庫で半日漬け込む。

7 お好みでご飯に盛りつける。

かたいにんじんを桂剥きするのはやや上級者レベル。ケガがないように。

薄く桂剥きして作ったにんじんの「帯」を重ねてせん切りにする。

きゅうりの水分を絞り出すことでより味が染みる。

約束された塩こんぶの旨みは、ご飯とも相性抜群。

とっくんのひと手間

☑ きゅうりはできるだけ太めに、にんじんはできるだけ細めにせん切りにして食感を出します。

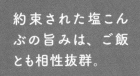

なんなのこの甘さ
四捨五入したら
まるでスイーツじゃない!

漬け玉ねぎ

芯を残すことで
バラバラになることを
防ぐ。

ピリリと利いてくるブラックペッパーと唐辛子がたまらない！

玉ねぎが崩れないように、
あればトングを
使うのがおすすめ。

🍴 材料（2人分）

玉ねぎ	1個
ごま油	大さじ1
塩	少々
ブラックペッパー	少々

A

水	200mL
麺つゆ	200mL
にんにく（すりおろしたもの）	1片分
しょうが（すりおろしたもの）	1/3片分
唐辛子	1本
炒りごま	3つまみ

1 玉ねぎは芯を残したまま8等分に切るⓐ。

2 フライパンにごま油を熱し、玉ねぎを入れるⓑ。玉ねぎの断面に焼き目をつけながら、塩とブラックペッパーをふるⓒ。

3 玉ねぎを取り出す。そのままのフライパンにAを入れ、加熱しながら混ぜてタレを作る。火を止め、あら熱を取る。

4 保存容器に玉ねぎとタレを入れる。落としラップをして、冷蔵庫で一晩漬け込むⓓ。

ひっくり返すとき以外は
触らずに、じっくり丁寧に
焼き色をつける。

落としラップで
タレから出ている
部分もしっかり漬ける。

とっくんのひと手間

☑ 玉ねぎは表面を軽く焦がすことで、より甘さが引き出されます。春は新玉ねぎを使うのがおすすめ。

ミニトマトの
マリネ

お酢で軽く締められた
トマトにオリーブオイルと
バジルの香り
そして……白だし!

🍴 材料 （2人分）

ミニトマト ·· 1 パック

A
| ハチミツ ··· 大さじ 2
| オリーブオイル ······························· 大さじ 2
| 酢 ·· 大さじ 2
| 白だし ··· 小さじ 1
| ブラックペッパー ···························· 小さじ 1
| 乾燥バジル ·· 小さじ 1
| 塩 ·· ひとつまみ

1 ミニトマトはヘタを取り、反対部分に軽く十字の切れ込みを入れる**a**。

2 沸騰したお湯（分量外）に入れて 30 秒ゆでたら取り出し、冷水につける。

3 十字の切れ込みを入れたところから皮を剥く**b**。

4 キッチンペーパーで水気を拭く。

5 A にミニトマトを入れ、落としラップをする**c**。冷蔵庫で一晩漬け込む。

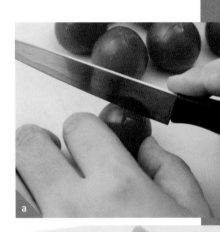
a

皮つきのままでもできるが、湯剥きをしたほうが味が染みやすくなる。

切れ目を起点に、皮がゆるんだ部分からめくるように剥く。

b

とっくんのひと手間

☑ 料理は下ごしらえが肝心。湯剥きをするのとしないのとでは味も食感も違います。

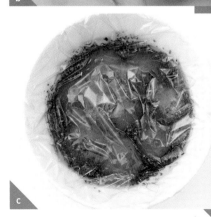
c

火が入って味が染みた
ナスの満足感は
ほぼ肉って感じ！
大地のめぐみに感謝！

ナスの
レンチンお浸し

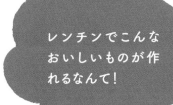

レンチンでこんな
おいしいものが作
れるなんて！

🍴 材料 (2人分)

ナス ……………………………… 2本

A
　麺つゆ………………………… 大さじ2
　ごま油………………………… 大さじ1
　みりん………………………… 大さじ1
　しょうが（すりおろしたもの）… 1/3片分
　かつお節……………………… 適量

1 ナスはヘタを取り除く。たて半分に切る。

2 皮目に格子状の切れ込みを入れる**ⓐ**。

3 10分ほど水（分量外）にさらし、アク抜きをする**ⓑ**。

4 耐熱容器にAとナスを入れる。ラップをし、電子レンジ（600w）で6分加熱する**ⓒ**。

5 あら熱が取れたら、冷蔵庫で一晩漬け込む。

3〜5mmくらいの
深さの切れ込みが
おすすめ。

水にさらすことで、
切り口から変色する
ことも防げる。

ラップは
ふんわりとかける。

とっくんのひと手間

☑ ナスの切れ込みは入れなくてもいいですが、入れたほうが味が染みやすくなります。

ささみと
きゅうりの和え物

甘辛いタレだけでなく
卵黄まで絡みついた
ユッケ風のおつまみ

🍴 材料 （2人分）

ささみ	2 本
きゅうり	1 本
長ねぎ	1/2 本

A

料理酒	大さじ 1
塩	ひとつまみ
砂糖	小さじ 1

B

コチュジャン	大さじ 2
焼肉のタレ甘口	大さじ 4
ごま油	大さじ 2
炒りごま	大さじ 1
卵黄	2 個分

1 きゅうりはまな板に塩（分量外）をふって板ずりした後、桂剥きにする。さらにせん切りにし、水にさらしておく。長ねぎは白髪ねぎにして水にさらす。

2 ささみは筋を取り除く**b**。

3 耐熱容器にささみを入れ A をふる、ラップをして電子レンジ（600w）で 2 分加熱する。

4 フォークなどでささみをしっかりほぐす**c**。きゅうりと白髪ねぎの水気をよく切る。

5 4 と B を合わせる**d**。全体をよく混ぜ、器に盛り、卵黄をのせる。

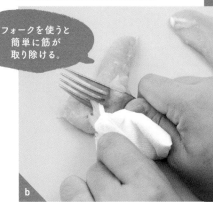

種がある中心部分はせん切りにすると食感が悪いので取り除く。

a

フォークを使うと簡単に筋が取り除ける。

b

c

低カロリーレシピなのに食べ過ぎちゃって無意味！

d

とっくんのひと手間

☑ きゅうりのせん切りは斜めに切ったものを細切りにするよりも、桂剥きしたほうがよい食感になります。

タコとブロッコリーの ジェノベーゼ ソース和え

スプーン1杯で
ビール1缶丸ごと
飲んじゃいたいくらい
合いすぎる!

¶¶ 材料 （2人分）

ブロッコリー………………………………………1 個
じゃがいも…………………………………………1 個
ゆでダコ…………………………………………1 パック
アボカド……………………………………………1 個
ジェノベーゼソース（市販品）……………2 皿分

1 ブロッコリーは小さめにバラして塩ゆでし、水気を切る。

2 じゃがいもは皮を剥き、賽の目切りにして水にさらす。タコはひと口大に切る。ボウルに水と塩を入れ、タコの身を入れて洗う。

3 アボカドは半分に割り、種を取り除いたらじゃがいもと同じく賽の目切りにする。

4 じゃがいもの水気をよく拭き取って耐熱皿に入れ、電子レンジ（600w）で3分加熱する。

5 ボウルにブロッコリー、じゃがいも、タコ、アボカドを入れ、ジェノベーゼソースを加える。全体をよく混ぜる。

6 じゃがいものあら熱が取れたら、冷蔵庫で冷やす。

ブロッコリーは小さく分けたほうがソースがよく絡む。

ブロッコリーは房を下にすると水切りしやすい。

塩水で洗うことでタコの臭みを抑える。

ソースをしっかり全体に絡ませるように混ぜる。

とっくんのひと手間

☑ ジェノベーゼソースに必要な材料は、フレッシュバジルに松の実といった、あまり家に常備していないものなので、市販のソースを活用します。

食べる直前に
つぶして混ぜる
新食感サラダ爆誕!

つぶさない
ポテトサラダ

じゃがいもは
大きめなものを選ぶ。

🍴 材料（2人分）

		A		
じゃがいも	1個	マヨネーズ	大さじ3	
ベーコン	40g	酢	小さじ2	
卵	2個	砂糖	小さじ2	
塩	ひとつまみ	マスタード	小さじ1	
		塩	少々	
		パセリ	適量	

1 じゃがいもはよく洗ってから皮を剥き、半分に切る。
　皮は捨てずにとっておく。パセリはみじん切りにする。

2 鍋に水を注いで沸騰させ、じゃがいもを30分ゆでる。

3 フライパンを熱し、ベーコンを入れる。重しをのせて
　弱火で両面を焼く。フライパンからベーコンを取り
　出し、ひと口大に切る。

4 そのままのフライパンにサラダ油（分量外）を入れ、
　中火でじゃがいもの皮を1分素揚げする。取り出
　して油を切り、塩をふる。

5 Aを混ぜ合わせてマヨソースを作る。

6 じゃがいもを取り出し、そのままの鍋で卵を7分ゆでる。

皮を揚げるのが
面倒なときは
ポテトチップスでも
代用可。

7 ゆでた卵を半分に切る。

8 器にじゃがいもとゆで卵とベーコンを盛りつける。マヨ
　ソースをかけてパセリをふる。4を軽くくだいてふりか
　ける。

9 フォークでつぶしながら食べる。

とっくんのひと手間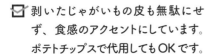

☑ 剝いたじゃがいもの皮も無駄にせ
　ず、食感のアクセントにしています。
　ポテトチップスで代用してもOKです。

\ とっくんの /
ビールめし
Select10

週末贅沢レシピ編

時間をかけて作る
優雅なおつまみ。
あらやだビールが
欲しくなる！

牛すじ煮込み しょうゆ味 p.88

1

ご飯がどうしても欲しく
なってしまうが、柚子胡
椒を添えたらあら不思議。
最高の肴に大変身。

本当にめちゃくちゃ合
うんです……。長ネギ
を小口切りにして山ほ
ど盛ってもいいかも。

牛すじ煮込み 味噌味 p.88

2

牛すじ煮込み 塩味 p.88

3

シンプルな味つけの牛すじ煮込み、
熱々の状態でキンキンに冷やした
ビールを飲めば……。

4

韓国風 味つけ卵 p.94

バクバク食べて飲み
たい気持ちを抑えさ
つつ、漬けダレのき
ざみねぎを肴にする
のもよし。

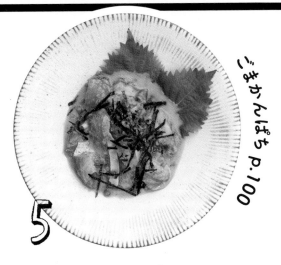

5 ごまかんぱち p.100

福岡県民としてはこれを1位にしたかった。これとビールをそろえれば、そこは中洲です。

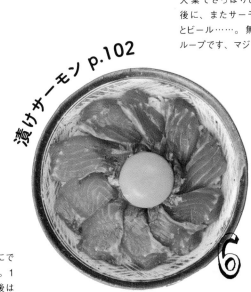

6 漬けサーモン p.102

大葉でさっぱりした後に、またサーモンとビール……。無限ループです、マジで。

王道過ぎてなんにでも合ってしまう。1杯目のビールの後は韓国海苔を添えて日本酒ですね。

7 まぐろユッケ p.104

コチュジャンで利かせたやさしい辛みのお陰で、ビールがめちゃくちゃ欲しくなります。

8 ささみときゅうりの和え物 p.114

9 タコとブロッコリーのジェノベソース和え p.116

パスタに和えたくなる欲求を抑えて優勝。実はジェノベーゼソースとビールって合うんです。

10 つぶさないポテトサラダ p.118

居酒屋の注文で鉄板。でも我々悪い大人は混ぜる前のカリカリベーコンで1杯やるのよ。

Let's Try!

とっくん流 ＞ 後片づけのコツ

「後片付けをするまでが料理」です！！
作りっぱなしで洗い物を放置するなんて言語道断。
でも、料理をしているうちに洗い物が溜まっていくと
スペースが狭くなったり、最後にまとめて洗うのが
億劫になったりしてしまいますよね。
そんなときに役立つぼく流の洗い物のコツを教えます。

① 材料は最初に まとめて切る

料理に使う材料は、はじめに野菜→
魚、肉の順番で切っておきます。切
り終わったら、すぐに包丁とまな板を
洗って片付けてしまいます。すぐに使
わない野菜は水にさらして、変色と
乾燥を防ぐようにしましょう。

② 空き時間に洗って 片付ける

食材を煮込んだり、弱火でじっくり焼
いたりしているときなどに生まれる空き
時間に、使い終わったボウルや菜箸
などの道具を洗って片付けてしまいま
しょう。料理と洗い物は同時並行で
行います。そうしないと「めんどくさい」
が「マジめんどくさい」に進化するん
です。

③ 同じ調理器具を できるだけ使い回す

新しい調理器具を出すと、当然ですが洗い物が増えてしまいます。たとえば肉を焼いたフライパンで野菜を炒めたり（肉の脂の旨みもなじんで一石二鳥）、同じ鍋の湯で野菜の下ゆでしたりして、使う道具を減らしましょう。脂などが気になるときは、クッキングペーパーで軽く拭き取ってから使いましょう。

④ コンロ周りは 毎回必ず拭く

調理後はすぐにコンロ周りに飛び散った油やごみを拭き掃除します。時間がないときはさっと拭くだけでOKです。このたったひと手間で、ギトギトに固まった油汚れと対峙しなくて済みます。

⑤ 汚れが少ない ものから順番に洗う

調理後に使用したお皿やフライパン、鍋などを洗うときは、油汚れの少ないものから洗いましょう。汚れがひどいものから洗うと、スポンジも汚れてしまうし時間もかかります。大物は最後にとっておくのです。油汚れがひどいときは、先にクッキングペーパーなどで拭き取っておきましょう。

Interview
とっくんにとっての 料理とごはんとは?

——いつから、どのような理由で料理を作り始めましたか?

とっくん：前に違うインタビューでもお話ししたのですが、子どものときはおばあちゃん子で、おばあちゃんが台所で料理を作るのを覗き見するのが好きでした。でも、ちゃんと料理するようになったのは、社会人になって一人暮らしを始めたときです。それからレシピ本を読んだりインターネットで調べたりして、二年くらいしたらだいぶできるようになりましたね。まあ、そもそも料理をできないでいい理由がない。今の時代は必須能力であるかなとも思っています。

——とっくんさんにとっての料理の楽しさを教えてください。

とっくん：料理で一番楽しいことは、想像通りに味がバチッと決まったときかな。それを人に食べてもらったときに、「うまっ!」って言ってもらえるとうれしいし、「これどうやったの?」って聞かれたときに、答える手札がこっちには何個かあるわけじゃないですか。それを喋りたくなりますよね。「こうしたら絶対おいしい」みたいなの、初心者の人でもわかるやつあるじゃないですか。にんにくを入れるとか、だしを取るとか。そういうこと以外でも、ちゃんとおいしいことの理由づけみたいなのができると、やっぱり料理って奥が深いなって感じます。

——人においしいと思ってもらえることが大切なんですね。

とっくん：ほかはそうですね……たとえばレストランに行っておいしい料理を食べて「これうまい!」って感動したときに、料理のことを知っていると、感動の内容が具体的になるんです。「うわ、ここまでやってんの?」「うわ、この火加減で完璧や!」とか。そういうことがわかると、料理に払っているお金に対して、自分で理由づけもできますね（笑）。

——はやく料理が上手になるコツはなんだと思いますか?

とっくん：とにかく回数をこなすことが大切だと思います。あとは、自分のハードルを下げること。食材の切り方とか火加減とか、よほどのことがなければ、全部「成功」でいいと思うんです。桂剥きの皮が厚くなってしまっても、ちゃんと剥けていれば成功ですよ。多少不恰好でも、おいしければ「優勝」できます。

——今回の書籍は「ひと手間」がテーマですが、とっくんさんにとっての「ひと手間」とはどんなものですか?

とっくん：時間や手間がかかることを毎回するのは難しいですけれど、本当にちょっとしたひと手間を加えることでもっとおいしくなるときは、絶対にしたほうがいいです。「こうしたほうがいいらしいよ」っていうことを知っておくだけでも違うのかな、と。料理はおいしいほうがいい。個人的な意見ですが、よりおいしく食べることが、いただく命に対しての礼儀だとぼくは思っています。そのための「ひと手間で格上げ」です。

とっくんの冷蔵庫拝見!!

前回はひとり暮らしでしたが、今回は二人暮らしになったことで、
冷蔵庫もパワーアップ。作り置きや常備菜のスペースもしっかり確保しています。

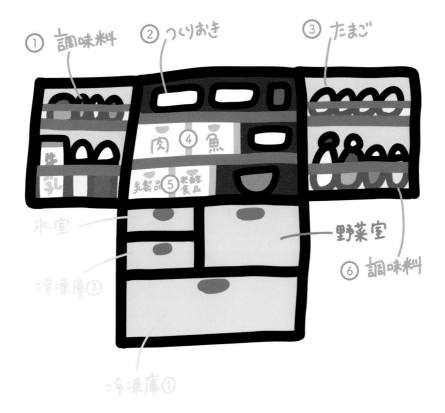

① 調味料
② つくりおき
③ たまご
④ 肉 魚
⑤ 乳製品 発酵食品
氷室
野菜室
⑥ 調味料
冷凍庫②
冷凍庫①

① 向かって左側には、瓶入りのスパイス各種や岩塩などを入れています。スパイスってついつい集めてしまいますよね。

② 一週間分の常備菜や、作り置きのソース、野菜クズで作ったベジブロス、余ったご飯などを詰めたタッパーの数々です。食べきれなさそうと思ったら、冷凍庫に移動します。

③ 卵はおいしくてやすくてどんな料理にも使える万能食材……とくにぼくはすぐに料理に卵黄をのせてしまうので常備です。

④ 買ってきた肉や魚を入れています。スーパーで安売りしていたり、半額になっていたりするのを見つけるとついつい買ってしまいますね。

⑤ 味噌、納豆、チーズなどの発酵食品を入れています。乳製品のケースにはヨーグルトや買い置きの牛乳を入れています。

⑧ 向かって右側は、しょうゆやソース、ケチャップ、マヨネーズ、ドレッシングなどの大きめの基本調味料の定位置です。

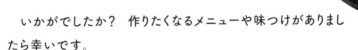

おわりに
Ending

いかがでしたか？　作りたくなるメニューや味つけがありましたら幸いです。

私事ではございますが、2022年に結婚した私、料理系YouTuberという肩書がありながら、夫婦のおうちご飯はもっぱら奥さん作であることをここに懺悔致します。

新婚生活で食べる奥さんのご飯はやっぱりとてもおいしいです。でもこれは惣気^{のろけ}ではありませんよ。お料理をするからこそ、誰かが作ってくれたご飯がよりおいしいと思えるのです。これは別に結婚している・していないに限らず、自分ではない誰かが作ってくれたご飯を食べる機会がある、すべての人類に言えるお話です。

以前書いたレシピ本のあとがきにも、同じ様なことを書かせていただきました。ここで重ねて書いているのは、活動を続けた今でもその思いは変わらないということを明文化したかったからです。この度はレシピ本をご購入いただき有難うございました。みなさんのお料理がより充実したものになりますように。

STAFF

編集協力	川島彩生、カトウみのり（フィグインク）
デザイン	近藤みどり
撮影	糸井琢眞
フードスタイリング、調理協力	桑原りさ
イラスト	まゆワッサン
校正	鷗来堂
編集	伊藤瞳

ビールめし2
ひと手間で格上げおうちごはん編

2023年10月19日　初版発行

著者　　とっくん
発行者　山下直久
発行　　株式会社KADOKAWA
　　　　〒102-8177　東京都千代田区富士見 2-13-3
　　　　電話 0570-002-301（ナビダイヤル）
印刷所　TOPPAN株式会社
製本所　TOPPAN株式会社